Wolfgang Mayer

GEHETZTE JOURNALISTEN

Begegnungen im Dauerlauf

Wolfgang Mayer

GEHETZTE JOURNALISTEN

Begegnungen im Dauerlauf

© 2016 Wolfgang Mayer
Lektorat und Satz: Anja-Nadine Mayer
Umschlaggestaltung: Magdalena Anna Schwaiger
Cover- und Backcoverbild: Erwin Schwaiger

Verlag: tredition GmbH, Hamburg

ISBN Paperback: 978-3-7345-2901-6
ISBN Hardcover: 978-3-7345-2902-3

Das Werk, einschließlich seiner Teile, ist urheberrechtlich geschützt. Jede Verwertung ist ohne Zustimmung des Verlages und des Autors unzulässig. Dies gilt insbesondere für die elektronische oder sonstige Vervielfältigung, Übersetzung, Verbreitung und öffentliche Zugänglichmachung.

Bibliografische Information der Deutschen Nationalbibliothek: Die Deutsche Nationalbibliothek verzeichnet diese Publikation in der Deutschen Nationalbibliografie; detaillierte bibliografische Daten sind im Internet über http://dnb.d-nb.de abrufbar.

Zum Inhalt

Freiheit ist der Opel um die Ecke

Sie skandierten: „Freiheit, Freiheit!" Ich fragte, was sie sich denn von dieser „Freiheit" erwarteten. Zu meiner Überraschung wussten viele darauf spontan keine Antwort.

Die Erklärung eines Familienvaters machte mich nachdenklich: „Zuhause, da müssen wir mindestens zehn Jahre warten, bis wir einen Trabi bekommen. Im Westen, da ist der Opel-Händler gleich um die Ecke. Wir können hingehen und sofort einen kaufen." So einfach ist das also?

Wir waren zu sechst. Das Wirtschaftsministerium in München hatte Anfang Oktober 1989 zu einem Kurztrip nach Prag eingeladen, zu bayerisch-tschechischen Wirtschaftstagen. Wir fuhren gemeinsam in einem Minibus. Auf der Fahrt hörten wir über Rundfunk die Meldung: Mehr als 10.000 DDR-Bürger befanden sich auf dem Gelände vor der und in der westdeutschen Botschaft. Sie wollten in den Westen ausreisen! Die Wirtschaftstage ließen wir Wirtschaftstage sein und wurden zu Berichterstattern von der politischen und menschlichen Front.

Je näher wir der Botschaft kamen, desto mehr Trabis waren am Straßenrand zu sehen. Trabis mit DDR-Kennzeichen, vollbeladen mit Gepäck und einfach stehen gelassen. Bald waren wir mitten in die Menge eingetaucht. Hunderte von Familien saßen auf dem Kopfsteinpflaster vor dem Gebäude. Es wurde Nacht. Manche lagerten auf Decken, andere hatten Schlafsäcke ausgerollt. Wir sahen in verstörte Kindergesichter. Es wurde eine lange Nacht. Sie war bitterkalt. Die (Noch-)DDR-Bürger berichteten von manchmal abenteuerlichen Fahrten nach Prag. Und sie erzählten uns, was sie sich erhofften. Für die eine Familie war es eben der Opel.

Am frühen Morgen fuhren die Sonderzüge von einem Vorortbahnhof ab in Richtung Westen. Die Stimmung ähnelte der von Schlachtenbummlern nach einem gewonnenen Fußballderby. Sektkorken knallten. Aus geöffneten Zugfenstern warfen die Passagiere Münzen des DDR-Geldes, das sie nicht mehr brauchten, auf den Bahnsteig. Ein tschechischer Straßenkehrer kehrte gemächlich die Relikte einer DDR-Vergangenheit zusammen. Ein symbolträchtiges Bild!

Kurz danach saß ich auf der Bettkante in einem Hotelzimmer und wartete auf das angemeldete Telefongespräch nach Nürnberg, um meinen Exklusivbericht an die Redaktion durchzudiktieren – so machte man das damals noch.

Meine Notizen waren fertig. Irgendwann während der Wartezeit wurde mir bewusst: Ich war Zeitzeuge geworden. Aber konnte ich wirklich einordnen, was in den letzten Stunden geschehen war? Können das nicht erst in vielleicht 20 Jahren die Historiker im Rückblick analysieren? Ich konnte mit niemandem darüber diskutieren, musste aber entscheiden, was ich schreiben wollte.

Der Kollege, der in der Redaktion daheim meinen Text bearbeitete, hat daran inhaltlich nichts verändert und ihn nicht einmal gekürzt. Er hat nur einige Absätze vertauscht, einen anderen als Einstieg gewählt. Mein Bericht hat dadurch erheblich gewonnen.

„Sich nicht gemein machen, nicht einmischen" – das ist die Anforderung an Journalistinnen und Journalisten. Anders gesagt: Kritische Distanz zum Gegenstand der Berichterstattung ist eine Leitlinie. Was man selbst denkt, was man im Hinterkopf hat, das darf man nur in einen als solchen gekennzeichneten Kommentar einbringen. Doch in der Praxis gibt es Grenzsituationen, in Reportagen sind Bewertungen unvermeidlich. Einer solchen Situation war ich ausgesetzt, als Tausende von DDR-Bürgern von Prag in die Bundesrepublik ausreisen wollten.

Das Gelände der deutschen Botschaft hatte die Prager Polizei mit Eisengittern abgesperrt. Jeder durfte hinein, aber die Polizisten ließen nur wieder hinaus, wer einen grünen, westdeutschen Pass vorweisen konnte. Eine Mutter aus der DDR war in die Absperrung hineingelangt, und wie es auch immer hatte geschehen können, befand sich ihre sechsjährige Tochter noch außerhalb. Beide hatten Sichtkontakt. Das Kind stand starr und heulte. Die Mutter schrie verzweifelt. Die Tochter holen? Polizisten hinderten auch diese Frau am Weg zurück.

Wir sechs westdeutsche Journalisten befanden uns zu diesem Zeitpunkt gleichfalls innerhalb der Absperrung. Wir sprachen uns nicht ab. Spontan nahmen wir die Frau in unsere Mitte und durchbrachen die Linie der Polizisten mit Gewalt. Die Frau schnappte ihre Tochter, die Polizisten gaben uns allen den Weg frei zurück innerhalb der Eisengitter. Die Frau verschwand mit dem Kind zwischen ihren Landsleuten.

Nachgeschoben: Ein unvermeidliches Vorwort

Vom Exodus von DDR-Bürgern als Zeitzeuge berichten zu können, war ein glücklicher Zufall und ein persönliches berufliches Highlight. Dieses Buch gibt Einblicke in insgesamt über 30 Jahre journalistischer Tätigkeit. Es erzählt von persönlichen Begegnungen, will Aufschluss geben über die Realität des Berufes und zugleich für Unterhaltung sorgen. Manche der 55 Szenen sind Mosaiksteine der Zeitgeschichte.

Die Hetze im Beruf hielt mich stets auf Trab. Viele Erlebnisse drehen sich um Recherchen – und zeigen die Grenzen deren Möglichkeiten. Die Einblicke in meinen beruflichen „Dauerlauf" zeigen unter anderem, dass es eine bisweilen herbeigeredete „Medienverschwörung" gar nicht geben kann. *Die* Medien gibt es ohnehin nicht: Bundesweite „Leitmedien", Regionalblätter, Boulevard-Zeitungen, Publikumszeitschriften, die „Yellow Press", öffentlich-rechtliche sowie private Rundfunk- und Fernsehsender und Online-Medien bilden ein vielseitiges Spektrum. Das Schlagwort von einer Vertrauenskrise *der* Medien wird dem nicht gerecht.

Wenn Bürger verbal Medien prügeln, so ist das ein Ausdruck von Missfallen über Inhalte von Berichten: meist Handlungen und Äußerungen von Politikern. Sie weiterzugeben beziehungsweise zu dokumentieren ist eine Chronistenpflicht der Medien. Diese Funktion verkennen Zeitgenossen, wenn sie das Schlagwort von der „Lügenpresse" verwenden – ein Begriff, der einst vom Propagandaapparat der Nationalsozialisten in die Welt gesetzt wurde. Mir kommen zum Vergleich Überlieferungen aus dem Altertum in den Sinn, als Überbringer von Nachrichten geköpft wurden, wenn Botschaften den Empfängern nicht gefielen.

Dass in der Medienwelt manches schiefläuft, ist natürlich nicht zu leugnen. Die Arbeitsbedingungen liefern den Grund dafür: Sie geben den Rahmen für Berichterstattung und sind unerbittlich. Das Hauptproblem: Viele Redaktionen sind chronisch unterbesetzt. Über die Jahre hinweg fand ein kontinuierlicher Stellenabbau in den Verlagen statt. Eine ständig zunehmende Arbeitsverdichtung und Zeitnot sind die Folge.

Festzuhalten ist zugleich, dass Journalisten und Journalistinnen nicht in einem Reinraum arbeiten – einen solchen gibt es nur bei der Herstellung von

Mikrochips. Eigene Erfahrungen und das erworbene Wissen von Journalisten prägen deren Weltbild. Wie jeder andere Mensch ist der Journalist eingebettet in ein soziales Umfeld. Journalisten und Journalistinnen sind nicht gegen den Virus des Mainstream immun.

Meine meisten Erfahrungen sammelte ich als Wirtschaftsredakteur bei den *Nürnberger Nachrichten*. Dieses Blatt ist eine Regionalzeitung, es gehört nicht zur Kategorie der landesweiten „Leitmedien", und ich gehöre nicht zu den „Alpha-Journalisten". Manche Begegnungen dagegen wurden durch die Ausübung ehrenamtlicher Gewerkschaftsfunktionen möglich – zuerst im Bundesvorstand der Deutschen Journalisten-Union (dju), heute in ver.di, und gut 25 Jahre lang in Führungsgremien der Europäischen und der Internationalen Journalisten-Föderation (EJF und IJF) mit Sitz in Brüssel. Außerdem gehörte ich zehn Jahre lang als einer von bundesweit 14 Journalistenvertretern dem Deutschen Presserat an.

Um einen Eindruck von den unterschiedlichsten Faktoren zu vermitteln, die den Berufsalltag eines Journalisten prägen, sind die kurzen Szenen dieses Buches thematischen Abschnitten zugeordnet. So sind die Beiträge in den Medien letztlich das Ergebnis von individuellen **Entscheidungen**, die Journalisten schnell treffen müssen – manchmal wie am Fließband. Dieser Notwendigkeit, Entscheidungen zu treffen, widmet sich der erste Abschnitt.

Bei der Entscheidungsfindung sind Journalisten Versuchungen ausgesetzt. Einer solchen erlagen einige Kollegen 1988 im Fall Gladbeck, als sie mit Schwerverbrechern sprachen und sich von einem Geiselnehmer instrumentalisieren ließen – so etwas darf nicht vorkommen! Jeder Journalist kann jedoch unvorbereitet in eine Situation geraten, in der ihn das „Jagdfieber" packt, und er muss dann abwägen, was er tut (Szene 3).

Publizistische Regeln geben eine Orientierung für Entscheidungen. Der Informantenschutz ist solch ein wichtiger Grundsatz (Szene 4). Sehr komplex sind die Leitlinien im Pressekodex, der vom Deutschen Presserat herausgegeben wird (5). Sie sind elementarer Bestandteil der Ausbildung von Journalisten. Leider gibt es in der Eile der Berichterstattung immer wieder Verstöße gegen die Richtlinien. Verlage und Redaktionen sind aber in der Regel sehr darauf bedacht, nicht gegen die Regeln zu verstoßen, um keine „Rüge" vom Presserat abzubekommen.

Entscheidungen fließen in vielfältiger Weise in die Arbeit ein – egal ob ein Börsenkommentar zu schreiben war (6) oder ob Behörden darum baten, eine Nachricht eine Zeitlang zurückzuhalten (7). Distanz zum Gegenstand der Berichterstattung sollte in jedem Fall das Prinzip sein – aber im Ausnahmefall ist persönliche Betroffenheit als Ausgangspunkt für einen Bericht wohl zulässig (8). Vorsicht ist geboten bei der Weitergabe von Politiker-Parolen – im übelsten Fall sind es Hassparolen (9).

Die Zeit lässt keine Chance – dieses chronische Problem thematisiert der zweite Abschnitt dieses Buches. Die Sorgfaltspflicht ist die Maxime bei der Berichterstattung, doch Journalisten müssen die Deadline des Redaktionsschlusses im Auge haben, so wie Flugzeugpiloten das Ende der Landebahn; im Onlinebereich ist, um bei dem Vergleich zu bleiben, die unverzügliche Landung zwingend. Redaktionskonferenzen und Leseranrufe nehmen im Alltag allerdings Zeit in Anspruch. Da bleibt oft am Ende nur noch Zeit, Vorlagen „abzuhaken". Das sind keine optimalen Voraussetzungen für die Medien, um ihre Wächterfunktion für die Gesellschaft wahrzunehmen.

Das Problem der fehlenden Zeit verschärft sich auf Auslandsreisen. In der Fremde ist der Journalist von dem Netzwerk und der Auswahl anderer abhängig, mit wem er oder sie sprechen kann. Antworten auf Fragen zur sprichwörtlichen anderen Seite der Medaille sind unter diesen Umständen schwer zu erhalten (10). Auch für Kollegen hat man nicht immer Zeit, obwohl das notwendig wäre (11). Kurz ist wegen des Redaktionsschlusses die Zeit, um eine Datenflut auszuwerten, wie sie beispielsweise die Bundesagentur für Arbeit jeden Monat präsentiert (12). Zeit bräuchte man auch, um Archive zu konsultieren (13). Fehlende Zeit kann der Grund dafür sein, dass Geschichten ungeschrieben bleiben (14).

Neben dem Zeitmangel gibt es weitere **Einflüsse** auf die Arbeit in den Redaktionen. Da sind die Verleger, die falsche Weichen ins Online-Zeitalter stellten (15) und den „freien" Journalisten wenig zufriedenstellende Arbeitsbedingungen bieten (16). Geschichte geworden ist die Überwachung in der DDR (17), ebenso wie in Deutschland die Instrumentalisierung von Kollegen und Kolleginnen als Propagandainstrument (18).

Grundsätzlich ist eine kritische Hinterfragung von Quellen erforderlich. Das habe ich schon während meines Geschichtsstudiums gelernt. Aber manches ist von Journalisten und Journalistinnen einfach nicht nachprüfbar. So konnte sich die Mär von Massenvernichtungswaffen im Irak unter Saddam Hussein halten, und so wurden im Fall der NSU-Morde jahrelang falsche Deutungen von Ermittlungsbehörden wiedergegeben.

Ein wichtiger Faktor für die Berufsausübung von Journalisten ist die Ausbildung (19). Starke Einflüsse haben auch die Nachrichtenagenturen (20). Verlagsinterne Eingriffe können sogar die Veröffentlichung eines Artikels stoppen (21). Immer wieder sehen sich Journalisten und Journalistinnen in einer Abhängigkeit – von Pressesprechern auf der „anderen Seite" zum Beispiel (22) oder von Dolmetschern (23).

Im **Alltagstrott** hält Routine die Mehrzahl der Kollegen und Kolleginnen fest im Griff: Hetzen zum Termin und wieder zurück, Selektion der Themen aus der Flut der Agenturmeldungen und Pressemitteilungen aus der Post und aus den E-mails, Aussuchen der Bilder, die als Eyecatcher dienen. Das ist angesichts der Begrenztheit der Spaltenlängen und -breiten beziehungsweise der Sendezeit mit persönlichen Bewertungen, Abwägungen und Kürzungen verbunden. Bei diesen Arbeitsschritten lassen sich keine Absprachen, lässt sich keine Verschwörung organisieren. Meist bleibt freilich nur das Neue, das Außergewöhnliche, das Kontroverse im Sieb hängen. An dieser täglich erneut notwendigen Selektion führt kein Weg vorbei. Sie läuft zwangsläufig darauf hinaus, dass es zu jedem Thema nur Informationsfragmente geben kann.

Alltag, das ist Berichterstattung von (oft wiederkehrenden) Veranstaltungen – in meinem Fall 30 Jahre lang von der Neuheitenschau zur Nürnberger Spielwarenmesse (24). Alltag, das ist auch die Suche nach Kontakten. Es war nicht einfach, Max Grundig im Ausland aufzuspüren (25). Artikelserien erfordern ebenfalls reichlichen Arbeitsaufwand (26).

Der Alltag führt viele Journalisten und Journalistinnen regelmäßig zu den gleichen Schauplätzen: ins Fußballstadion, zu Stadtratssitzungen oder, wie zeitweise mich, in den Gerichtssaal (27). Um Türen geöffnet zu bekommen, ist Überzeugungskraft gefragt (28). Zum Alltag gehören Interviews – eines mit Heinz Nixdorf sollte mir eine Lehre sein (29) – genauso wie merkwürdige Anrufe in der Redaktion (30).

Journalisten pendeln persönlich **zwischen Erfolg und Frust.** Eher zufällig stieß ich auf einen Mosaikstein im Siemens-Korruptionsskandal, der viele Schlagzeilen auslöste (31). Erfolge hatte ich auch mit Artikeln, die ich trotz Morddrohungen veröffentlichte (32). Ohnmacht dagegen war meine Erfahrung als Chronist des Strukturwandels (33). Ein Erfolg wiederum war es, exklusiv Zugang zu publikumsscheuen Gesprächspartnern zu bekommen (34). Wehmütig erinnere ich mich an Grete Schickedanz, deren Erbe Profitinteressen geopfert wurde (35). Gespräche mit EU-Kommissaren waren fast wie ein Alptraum (36).

Einblicke vor Ort sind die Voraussetzung für viele Berichte. Reportagen konnte ich von Reisen nach Südafrika, in ein Bergwerk in 1.000 Metern Tiefe in Zaire oder durch den Jemen liefern (38, 43, 44). Eine extreme Erfahrung war es, von einem Panzer gejagt zu werden (37). Nach Einblicken vor Ort sehe ich die Berichterstattung in Europa über den sogenannten Arabischen Frühling kritisch (39). Das begrenzte amerikanische Geographieverständnis erlebte ich in Mexiko (40), wertvolle Lektionen wurden mir in Mali erteilt (41). Ich geriet in Palästina zwischen einen Panzer und Steine werfende Kinder (42). Interessante Einblicke bekam ich in Korea (45), in Französisch-Guyana verirrte ich mich im Dschungel (46), im Ural stieß ich auf eine Mauer des Vergessens (47) und in Bagdad fragte ich mich, was ich dort eigentlich zu suchen hatte (48).

Etliche **Begegnungen besonderer Art** rundeten meine Laufbahn ab. Der Bruder des letzten Kaisers von China war darunter (49), genauso wie ein bizarrer Gegenpapst (50). Auf der Liste standen Zimbabwes Staatschef Mugabe (51) und „VIPs" mit menschlichen Schwächen (52). Ich saß Wolfgang Schäuble gegenüber (53) und ich traf eine „Hexe" (54). Begegnungen mit der Geschichte hatte ich in einem Archiv in Togo (55).

Junge Kollegen und Kolleginnen mögen diese Einblicke angesichts des sich ausbreitenden „digitalen Journalismus" mit neuen Arbeits- und Darstellungsweisen im Internet als eine Reminiszenz an eine untergegangene Welt empfinden. Ja, die Online-Möglichkeiten haben die Welt verändert. Aber professioneller Journalismus bleibt unabhängig von der Verbreitungsform eine wichtige und spannende Aufgabe. Entscheidungen sind im Online-Journalismus genauso zu treffen wie bei Printprodukten. Zeitzwänge gibt es in beiden Fällen. Die Rahmenbedingungen sind gar nicht so unterschiedlich, und ihre Verbesserung muss ein Ziel von Tarifverhandlungen sein. Ebenfalls geblieben ist der Wert persönlicher Begegnungen und Erfahrungen vor Ort.

Die Regeln, die im Pressekodex verankert sind, bleiben bestehen, auch wenn neue Veröffentlichungsformen in Online-Medien neue presseethische Fragestellungen aufwerfen. In der Online-Welt gilt nach wie vor das Trennungsgebot zwischen Redaktion und Werbung. Neue technische Möglichkeiten führen zu neuen Geschäftsmodellen. Der Presserat befasst sich auch damit. Das ist ein klares Indiz dafür, dass Journalisten und Verleger es ernst meinen mit der Glaubwürdigkeit.

Entscheidungen
wie am Fließband

Das verräterische Himmlische Moseltröpfchen

„Los, Mayer, wir müssen zu einem Tatort", wurde ich vom Kollegen unvermittelt aufgeschreckt. Wow, wie aufregend!

Nach dem Volontariat war ich glatt übernommen worden. Zu jener Zeit, als meine berufliche Laufbahn als Journalist begann, war das normal. Heute müssen Nachwuchsjournalisten zittern, ob sie denn nach dem Volontariat wenigstens einen befristeten Anstellungsvertrag bekommen. Der Polizeireporter nahm mich anfangs unter seine Fittiche. Ich kam mir wichtig vor, mit ihm zusammen zur täglichen Pressekonferenz im Polizeipräsidium fahren zu dürfen. Manchmal bockte der Dienstwagen, der alte VW-Käfer. Wenn der Kollege dafür keine Zeit hatte, hörte ich für ihn den Polizeifunk ab. Eigentlich war das verboten, aber das ist sicherlich inzwischen verjährt.

Also auf zum Tatort. Die Leiche war schon fortgeschafft und wir trafen nur den Pressesprecher des Polizeipräsidiums; der Kollege notierte sich die Story, wie sie jener erzählte: Passanten waren aufmerksam geworden, weil Rauch aus dem Fenster im Erdgeschoss des Hauses kam, und sie hatten die Polizei alarmiert. Die Beamten fanden drinnen die angesengte nackte Leiche der Frau B. Nein, Hinweise auf den Täter hatte die Polizei bislang keine.

Draußen vor der Haustür fragte mich der Kollege: „Ist Dir was aufgefallen?" Es waren zwei Gläser auf dem Tisch gestanden und eine halbvolle Flasche *Himmlisches Moseltröpfchen*. Das Jagdfieber ergriff uns beide. Wenn da eine Weinflasche stand, musste sie jemand irgendwo gekauft haben. Wir gingen zur Edeka-Filiale um die Ecke und fragten die Verkäuferinnen nach der Frau B. und ob sie Kundin gewesen sei. Fehlanzeige.

Jagdfieber.

Da war noch, nicht viel weiter entfernt, eine Kneipe. Der Wirt nickte und erinnerte sich: „Ja, die Frau B. war öfter mit ihrem Macker da. Gestern das letzte Mal. Sie sind dann mit einer Flasche *Himmlisches Moseltröpfchen* abgezogen." Die Marke hatten wir gar nicht erwähnt.

Der Wirt wusste auch den Namen des „Mackers". Er lebte in Scheidung mit seiner Ehefrau. Die Wohnung des getrennt lebenden Paares war nur einen Straßenblock entfernt.

Jagdfieber – ein falscher Ehrgeiz, von dem man sich nicht leiten lassen sollte.

In dem angegebenen Haus standen wir wenig später im zweiten Stock vor der Wohnungstür der in Scheidung lebenden Frau. Die Versuchung: Sollten wir klingeln und nach einem Foto ihres (Noch-)Ehemannes fragen? Welchen Vorwand sollten wir ihr nennen? Wir entschieden, darauf zu verzichteten. Der Kollege telefonierte von der Redaktion aus mit dem Polizeipräsidium. Am nächsten Tag gestand der Täter.

Im Volontärkurs erzählte ich die Geschichte dieser Versuchung stets als ein Beispiel für Grenzen, die bei Recherchen nicht überschritten werden dürfen.

Übrigens gibt es die täglichen Pressekonferenzen bei der Polizei schon lang nicht mehr – dafür haben beide Seiten keine Zeit. Meldungen aus dem Präsidium kommen heute per E-mail.

Der Schutz des Informanten

„Der US-Konzern Lucent Technologies will sich in Europa von allen Fertigungsstätten trennen. Automatisch mitbetroffen ist davon das Werk mit rund 750 Mitarbeitern in Nürnberg-Langwasser." Die Meldung auf der Titelseite schlug Anfang August 2001 sprichwörtlich ein wie eine Bombe. Das Problem: Nur eine Handvoll Personen in Europa hatten Kenntnis von dem Papier, in dem die Konzernzentrale den rigorosen Kahlschlag festschrieb. Mit einer dieser Personen hatte ich Kontakt, und diese Bekanntschaft war im Management bekannt. Dieser Mann hatte mir das Papier zugespielt. Nach heutigem Sprachgebrauch würde man ihn als „Whistleblower" bezeichnen. Für mich war er ganz einfach ein Informant.

Im Volontärkurs habe ich stets die These vertreten: „Der Aufbau eines Netzes von Informanten, die motiviert sind, von sich aus Informationen zu liefern, oder die bereit sind, bei Anfrage Informationen zu liefern, gehört zum wichtigsten Know-how eines Journalisten und zu den Rechercheinstrumenten. Informantennetze fallen nicht vom Himmel. Sie müssen aufgebaut und gepflegt werden." Dazu braucht man Zeit. Sich Zeit zu nehmen für andere Menschen ist im Privatleben, aber ebenso im Beruf wichtig. Hinweise von Informanten sind in der Regel Ausgangspunkt für Recherchen beziehungsweise für Nachfragen bei anderen Quellen – nicht mehr und nicht weniger. Aber: „Im Verhältnis zum Informanten ist die kritische Distanz das oberste Gebot."

Die Kontaktperson war also ein Informant. Zu den Geboten gehört auch: „Der Informant muss sicher sein, dass er dem Journalisten vertrauen kann. Zur journalistischen Ethik gehört der Informantenschutz. Notfalls muss das Recht auf Zeugnisverweigerung wahrgenommen werden." Lucent Technologies war ein Fall, in dem dieses Prinzip anzuwenden war. Das öffentliche Interesse an der Information war sicherlich gegeben. Unter allen Umständen hatte ich aber den Informanten zu schützen. Allzu leicht war von unserer Bekanntschaft auf ihn zu schließen.

Das Mittel, das mir den Zweck heiligte, ist sicherlich nicht generell ratsam: Ich beschloss, eine falsche Fährte zu legen. Ich rief den Amerika-Korrespondenten der Zeitung an. Kurz erzählte ich ihm von meinem Problem. Ich fragte ihn, ob ich unter meine Geschichte seinen Namen schreiben dürfe. Die Konzernzentrale befand sich ja in den USA, und so war die Spur zu einer vermeintlich undichten Stelle jenseits des Atlantiks gelegt.

In der Redaktionskonferenz am nächsten Tag nahm ich den Rüffel der Chefredaktion demütig entgegen: „Warum musste die Geschichte erst aus den USA kommen und wir haben sie nicht selber herausgekriegt?"

Ich habe darauf keine Antwort gegeben.

„Es gibt den Zufallsinformanten und, wie im beschriebenen Beispiel, den gezielten Informanten. Informant/Informantin kann praktisch jeder sein auf dem Gebiet, in das er/sie Einblick hat. Der Informant/die Informantin kann Teil der persönlichen Sozialkontakte sein, aber er/sie ist kein Kumpel (auch wenn er/sie das vielleicht sein will), noch kann er/sie Gegenleistungen erwarten – im Ernstfall auch nicht publizistische Schonung." So heißt es weiter in der Anleitung, die ich über die Jahre hinweg im Volontärkurs verteilte.

Manchmal ermöglichen Informanten als „Türöffner" den Zugang zu anderen Gesprächspartnern. So traf ich einmal in Prag den tschechischen Philosophen Milan Machovec, der sich nach dem Prager Frühling staatlicher Verfolgung ausgesetzt sah. Und so fand ich etwa einen Max Grundig auf einer entfernten Ferieninsel – eine Geschichte, die in einer späteren Szene noch aufgegriffen wird.

Achtung vor der Wahrheit

„Ein harmloser Blogeintrag von Steffi Graf führte in der *Promi Welt* zu wilden Spekulationen über mögliche Probleme des ehemaligen Tennisstars. Graf hatte an ihre Fans die Frage gestellt, ‚wie man das Leben einen Gang runterschalten‘ könne. Die Zeitschrift bezeichnete dies als ‚alarmierenden Hilferuf‘ und sprach von einem ‚Absturz in die Lebenskrise‘. In dieser Darstellung sah der Presserat eine unwahrhaftige Berichterstattung, bei der jegliche Sorgfaltspflichtaspekte außer Acht gelassen wurden.“

So informierte die Pressemitteilung des Deutschen Presserates über eine vom Beschwerdeausschuss verhängte Rüge. Die Ausschusssitzungen mit Kollegen und Kolleginnen sowie Vertretern der Verlage waren für mich über zehn Jahre hinweg eine persönliche Bereicherung.

Rügen sind die schärfste Maßnahme, nach Hinweisen und Missbilligungen, die das Gremium ausspricht. Sie sind von der betroffenen Zeitung oder Zeitschrift selbst abzudrucken. Die Mehrzahl der deutschen Verlage hat eine entsprechende Rügenabdrucksverpflichtung abgegeben. In der Praxis ist festzustellen, dass Zeitungen und Zeitschriften sehr darauf bedacht sind, den Kodex einzuhalten und keine Rüge abzubekommen. Jeder Bürger kann sich beim Presserat beschweren – egal, ob er persönlich betroffen ist oder Grund sieht, sich über eine Berichterstattung zu entrüsten. 2014 gingen erstmals mehr als zweitausend Beschwerden in der Geschäftsstelle ein.

Die Sorgfaltspflicht ist eine der zentralen Richtlinien im Pressekodex. „Unbestätigte Meldungen, Gerüchte und Vermutungen sind als solche erkennbar zu machen“, heißt es darin. Das gilt unverändert auch für Online-Ausgaben. Geschähe dies nicht, wäre eine Zeitung oder Zeitschrift unglaubwürdig – egal, ob sie gedruckt wird oder online Leser sucht. Ein unglaubwürdiges Produkt ist ein Schwindel, und der verkauft sich nicht. Der Artikel über Steffi Graf war eine reine Vermutung.

Oberstes Gebot der Presse ist „die Achtung vor der Wahrheit, die Wahrung der Menschenwürde und die wahrhaftige Unterrichtung der Öffentlichkeit“, heißt es in Ziffer 1 des Kodex. Da hatte eine Zeitung nach dem Autounfall eines ehemaligen Handball-Nationalspielers fälschlicherweise berichtet, dieser sei zu Tode gekommen. Am Tag danach berichtigte sie: Der Mann habe den Unfall überlebt, aber schwere Hirnverletzungen erlitten. Letzteres stimmte freilich ebenfalls nicht, wie sich herausstellen sollte.

Eine der beiden Richtlinien, gegen die am häufigsten verstoßen wird, ist die Trennung von Werbung und redaktionellem Inhalt: Redaktionelle Veröffentlichungen, die auf Unternehmen, ihre Erzeugnisse, Leistungen oder Veranstaltungen hinweisen, dürfen nicht die Grenze zur Schleichwerbung überschreiten. Bezahlte Veröffentlichungen müssen so gestaltet sein, dass sie als Werbung für den Leser erkennbar sind. Gleich drei Sportmagazine hatten auf der Titelseite ihrer Ausgaben ein PR-Foto eines großen Sportartikelherstellers veröffentlicht. Auf den Bildern präsentierten bekannte Läuferinnen einen neuen Laufschuh des Unternehmens. Der Presserat sah darin die erforderliche Sorgfalt beim Umgang mit PR-Material missachtet.

Die andere Richtlinie, die in der Hektik der Redaktionen oft vergessen wird, betrifft den Schutz der Persönlichkeit. Die Vorschrift besagt: „Die Presse achtet das Privatleben des Menschen und seine informationelle Selbstbestimmung. Ist aber sein Verhalten von öffentlichem Interesse, so kann es in der Presse erörtert werden. Bei einer identifizierenden Berichterstattung muss das Informationsinteresse der Öffentlichkeit die schutzwürdigen Interessen von Betroffenen überwiegen; bloße Sensationsinteressen rechtfertigen keine identifizierende Berichterstattung. Soweit eine Anonymisierung geboten ist, muss sie wirksam sein."

Insgesamt 16 Beschwerden lagen dem Presserat zum Beispiel zur Berichterstattung über den Bombenanschlag in Oslo sowie über den Amoklauf auf Utoya vor. In etlichen Blättern wurden Bilder von Opfern mit vollem Namen gezeigt, weil die Redaktionen den Opfern ein Gesicht geben wollten. Doch nur weil Menschen zufällig Opfer eines schrecklichen Verbrechens werden, rechtfertigt dies nicht eine identifizierende Berichterstattung über sie.

Beanstandet werden immer wieder Fotos. Wenn Fotografen von außen den Blick in Privatwohnungen zeigen – ein Fall betraf den ehemaligen Abgeordneten Sebastian Edathy – so ist das nicht zulässig. Es sei denn, die betreffende Person hat ihr Okay dazu gegeben.

Selten sind Fälle, in denen Ziffer 10 des Pressekodex greift: „Die Presse verzichtet darauf, religiöse, weltanschauliche oder sittliche Überzeugungen zu schmähen." Seit der Veröffentlichung von Mohamed-Karikaturen in einer dänischen Zeitung und dem Terrorangriff gegen *Charlie Hebdo* wird das Thema heiß diskutiert. Nein, Pressefreiheit kann nicht beschnitten werden. Aber jede Freiheit ist mit der Verantwortung verbunden, wie man mit ihr umgeht. Das ist mit Entscheidungen verbunden.

Der Pressekodex ist Gegenstand der Volontärausbildung. Wenn man berücksichtigt, dass Online-Beiträge der Zeitungen und Zeitschriften zu den gedruckten Artikeln hinzukamen, dann hat der Prozentsatz der gerügten Veröffentlichungen über die letzten zehn Jahre hinweg tendenziell abgenommen. Inzwischen richten sich rund 60 Prozent der Beschwerden gegen Online-Artikel.

Die Online-Welt führt zu neuen Fragen. Wie ist das mit Fotos und Informationen aus sozialen Netzwerken wie Facebook? Natürlich gehört die Recherche in den Netzwerken zum legitimen journalistischen Handwerkszeug, aber der Verwendung sind Grenzen gesetzt. „Soziale Netzwerke sind jedoch kein Selbstbedienungsladen", heißt es in einer Mitteilung des Presserates.

Der wöchentliche Börsenkommentar

Normalerweise liefert der Korrespondent am Börsenplatz Frankfurt den wöchentlichen Börsenkommentar zu. Der Kollege kennt Börsenmakler, die er konsultiert, und oft zitiert er sie namentlich. Manchmal blieb die Aufgabe allerdings bei mir hängen. Ich hatte keine solchen Experten an der Hand. Aber das Internet macht's möglich, die Meinung von Analysten verschiedener Banken abzurufen, sie zu vergleichen, über ihre Seriosität zu entscheiden und alles zusammenzufassen. Eigene Phantasie und Erfahrung fließt mit ein.

Dabei ist nichts so wankelmütig wie die Börse. Einzelne schlechte Unternehmensmeldungen können wie ein Strudel wirken, dessen Sog sich die Indices nicht entziehen können. Sei es ein unerwartetes Quartalsergebnis eines Konzerns im Dax, eine politische Krise, ein Terroranschlag oder seien es neue Prognosen zur Wirtschafts- oder Branchenentwicklung – und schon reagieren die Kurse. Genauer gesagt reagieren die Großanleger wie Hedgefonds, die auf Spekulation aus sind und ihr Portfolio umschichten. Der Kleinanleger ist nur ein Anhängsel.

Die Entscheidungsträger der Großanleger lesen kaum Börsenkommentare in Zeitungen, wohl aber jene Kleinanleger. Da muss der Kommentator vorsichtig sein. Jedenfalls ist er unabhängiger als die meisten Bankenexperten. Die haben im Kopf, welche Aktien und Anlagen die eigene Bank gerade zu verkaufen sucht. Der Redakteur mag mit seiner Bewertung Anleger beeinflussen, aber er hat nichts davon. Die Richtlinie 7.4 des Pressekodex besagt: „Journalisten und Verleger dürfen keine Berichte über Wertpapiere und/oder deren Emittenten in der Absicht veröffentlichen, durch die Kursentwicklung des entsprechenden Wertpapieres sich, ihre Familienmitglieder oder andere nahestehende Personen zu bereichern. Sie sollen weder direkt noch durch Bevollmächtigte Wertpapiere kaufen beziehungsweise verkaufen, über die sie zumindest in den vorigen zwei Wochen etwas veröffentlicht haben oder in den nächsten zwei Wochen eine Veröffentlichung planen … Interessenkonflikte bei der Erstellung oder Weitergabe von Finanzanalysen sind in geeigneter Weise offenzulegen."

So soll die Verwendung von Insiderwissen ausgeschlossen werden. Die Geschichte, wie es zu dieser Bestimmung kam, ist kaum bekannt. Alles fing mit „9/11" an und mit der anschließenden allgemeinen Debatte, wie sich denn

Terror finanziert – natürlich durch Geldflüsse und Geldanlagen. Auf den langen Wegen durch die Instanzen der EU und über die Hürden der Lobbyisten bekam der ursprüngliche Entwurf aus der zuständigen Generaldirektion eine andere Richtung. Heraus kam eine Europäische Finanzmarkt-Richtlinie, die auch Journalisten einer Kontrolle unterwerfen sollte. In Deutschland wurde dies durch die neue Bestimmung im Pressekodex umgesetzt.

Die Geschichte der Zeitungen geht auf den Bedarf an wirtschaftsrelevanten Informationen zurück. Die Kaufleute des Mittelalters mussten über die Sicherheitslage auf ihren Routen ebenso Bescheid wissen wie über die Preisentwicklungen an den Zielorten. Änderungen von Herrschaftsverhältnissen waren ein wichtiger Faktor. Aufstände, Kriege und Truppenbewegungen waren Gift für die Geschäfte. Nürnberg war ein Zentrum des Fernhandels nördlich der Alpen, und der Rat der Stadt setzte sich aus den Kaufleuten, den Patriziern, zusammen. Rechnungen von Briefboten an den Stadtrat reichen bis ins 14. Jahrhundert zurück. Die Schreiben fanden bei mehreren Ratsmitgliedern Verbreitung – wie bei Zeitungen handelte es sich also nicht um eine private Korrespondenz, auch wenn sie zunächst handschriftlich verfasst waren. Das Handelshaus der Fugger in Augsburg unterhielt eine „Schreibstube", in der Kopien von Schreiben an verschiedene Partner angefertigt wurden. Die frühen Zeitungen wurden als „Aviso" oder „Relatio" bezeichnet.

Zu Anfang des 17. Jahrhunderts tauchten Personen auf, die vom Zeitungschreiben als Beruf ihren Broterwerb bestritten. Man nannte sie Novellanten. In einem Buch über *Nürnberg als Nachrichtenzentrum zwischen 1400 und 1700* von Lore Sporhan-Krempel wird ein Johann Weinreich als erster bekannter Novellant genannt, der regelmäßig jede Woche eine geschriebene Zeitung herausgab. 1612 gab es erstmals Beschwerden über das, was er zu Papier brachte, und 1625 gab es eine Untersuchung über die Quellen seiner Informationen, durch die sich die Stadt Lindau „mit Ungrund beschmutzt" sah. Die älteste mit der Presse gedruckte Wochenzeitung kam wohl 1609 heraus. Dieser „Aviso" wurde wahrscheinlich in Wolfenbüttel herausgegeben, nach der Forschung wurde das Nachrichtenmaterial aber aus Nürnberg bezogen.

Frühzeitig stößt man auf Zensur durch die Obrigkeit. Mit der sich ausbreitenden Drucktechnik des Johannes Gutenberg konnten Flugblätter verbreitet werden. Zunehmend bedienten sich die politischen Herrschaften ebenso wie deren Kritiker des Mediums. Bis sich eine unabhängige Presse etablieren konnte, war es allerdings ein langer Weg.

Heute stellen viele die Frage, ob denn die gedruckte Zeitung und die derzeitige Form des Journalismus eine Zukunft habe. Sie hat es ganz sicherlich. Rundfunk und Fernsehen haben die Zeitung nicht ersetzt, und Onlineportale werden es ebenfalls nicht tun.

Schüsse auf den ICE

Die Wagen mit den Einschusslöchern standen auf dem Gelände des Aus-
besserungswerkes der Bahn. Beschäftigte des Betriebes lieferten den Tipp. Es
stellte sich heraus: Die Polizei war dem Schützen schon auf der Spur, der auf
die mit Hochgeschwindigkeit durchs Altmühltal fahrenden Intercity-Züge zielte.
Er traf mehrmals – ins Blech. In Fensterscheiben war noch keine Kugel einge-
schlagen.

Eine Handvoll Journalisten erfuhr von den Wagen mit den Einschusslöchern.
Vertreter der Bahn und der Polizei baten uns bei einem Gespräch dringend, die
Information wenigstens noch zwei Tage für uns zu behalten. Es war eine Frage
der Verantwortung, verbunden mit einem Dilemma. Eine Veröffentlichung hätte
den Schützen gewarnt, dass man ihm auf der Spur war, und hätte sicherlich
Panik bei Reisenden ausgelöst. Das Zurückhalten der Information war mit dem
Risiko verbunden, dass der Schütze doch noch eine Scheibe treffen könne – und
dahinter einen Reisenden. Wir entschieden uns dazu, der Polizei die Frist einzu-
räumen, um den Mann zu fassen. Er wurde innerhalb der zwei Tage gefasst.
Danach ging die Nachricht raus. Es sind Fall-zu-Fall-Entscheidungen, wie man
als Journalist mit Bitten um Vertraulichkeit umgeht.

Eine ähnlich schwierige Entscheidung war ein anderes Mal in der Lokalredaktion zu treffen. Jemand hatte in einer Orange einen Tropfen Quecksilber
gefunden und die Zeitung alarmiert. Was tun? Natürlich wurden von der Redaktion sofort alle denkbaren Behörden informiert. War das Ganze ein Scherz?
Handelte es sich um einen Anschlag, und ganze Kisten mit vergifteten Orangen
waren im Handel? Die Zeitung beschloss, auch diese Nachricht auf Bitten der
Behörden erst einmal zurückzuhalten. Es tauchte keine zweite Orange mit
Quecksilberfüllung auf.

Speziell bei Wirtschaftsthemen können voreilige Veröffentlichungen kon-
traproduktiv sein, wenn noch keine Fakten geschaffen sind. Lange vor der
Bekanntgabe wusste ich, dass die Firma Sampo aus Taiwan das Interesse an
einem Einstieg bei der Firma Grundig hatte. Solche Verhandlungen mit Investoren verlaufen Schritt für Schritt. Das ist wie ein Pokerspiel. In diesem Fall
versprach ich Stillschweigen. Der Deal: Im Gegenzug bekam ich einen Tag vor

der Bekanntgabe der Gespräche das grüne Licht, um die Meldung exklusiv in die Zeitung zu bringen. Der Punkt war erreicht, an dem die Kontakte in konkrete Verhandlungen übergingen. Aus der Übernahme durch Sampo wurde allerdings am Ende doch nichts.

Ich frage mich, ob Georges noch lebt

Mit 18 Jahren reiste ich zum ersten Mal in den Libanon – als Teilnehmer an einem internationalen Jugendprogramm. Eine Woche lang schufteten wir, wuchteten wir Steine aus einem Steinbruch auf einen Lkw. Fachkräfte aus Syrien zerkleinerten diese dann für die Trasse einer Straße, die von einem Bergdorf zur Küste führen sollte. Die Umstände waren wildromantisch – Deutsche, Franzosen, Engländer, Spanier, dazu Libanesen und Syrer, männlich wie weiblich, nächtigten in Zelten in einem Olivenhain neben einer alten Kapelle aus der Zeit der Kreuzfahrer. Abends erklangen die Gitarren.

Unter diesen Umständen lernte ich den Libanesen Georges als Freund kennen. Nach dem Arbeitseinsatz führte ein Besichtigungsprogramm die Teilnehmer zwei Wochen lang durch den ganzen Libanon, von den Ausgrabungsstätten Tyrus im Süden über das alte Baalbek bis nach Latakia im Norden. Mehr als einen Abend verbrachte ich bei Georges' Familie in Beirut. Beirut, das galt damals wegen seines Glanzes „westlicher" Art als Paris des Nahen Ostens.

Es kam der Bürgerkrieg im Libanon. Lange konnte ich mit Georges Kontakt halten, dann brach er ab. Oft dachte ich an Georges und seine Familie. Nach dem Ende des Bürgerkriegs kam der Wiederaufbau des Landes. Für die Wochenendbeilage der Zeitung schrieb ich dazu einen ganzseitigen Beitrag mit der Überschrift: „Ich frage mich, ob Georges noch lebt". Der Einstieg im Text: „Georges, das war mein Freund ..." Das war durchaus emotional geschrieben.

Distanz zum Gegenstand der Berichterstattung: Das war stets meine Botschaft in den Volontärkursen. Im Kommentar, klar getrennt und als solche ausgewiesen, kann man Stellung beziehen. Die Distanz ist nicht immer einfach: Heulende Betriebsräte saßen vor mir, nachdem sie kurz zuvor von der Schließung ihres Betriebes erfahren hatten. Man muss einfach geduldig zuhören, wenn bei der Schließung eines Traditionsbetriebes Beschäftigte vor einem sitzen und sich sorgen: „Die neue Wohnung, in die ich vor zwei Wochen zog, kann ich mir als Arbeitslose nicht mehr leisten – ich werde wohl unter den Brücken schlafen müssen." Manchmal fühlte ich, der Journalist, mich als Seelsorger.

Kann man jedoch in der Zeitung persönliche emotionale Erfahrungen zum Thema machen? Ich denke, man darf das in Grenzen. Sie können sogar ein

Aufhänger für Informationen sein. In der Medienbranche diskutiert man sogar die Rechtfertigung von Entertainment-Elementen. Ich halte sie für legitim, solange sie die Information nicht verfälschen.

Georges hat sich übrigens eines Tages wieder gemeldet. Er hatte den Bürgerkrieg überlebt.

Versteckte Hassparolen

„Hassparolen sind Ausdruck von Faschismus. Faschismus aber steht nicht still, er verändert ständig seine Form. Er versteckt sich in Formulierungen und Vokabeln von Politikern, die die Presse übernimmt." Die Feststellung traf ein Vertreter des Londoner Institute of Race Relations bei einer Konferenz, die die IJF unter Beteiligung der UNESCO im Frühjahr 2014 in Brüssel abhielt. Die Aufforderung, Distanz zu rhetorischen Vorgaben von Politikern zu halten, ging in die Abschlusserklärung ein. Denn unter Politikern sind Rattenfänger zu finden. Nachdrücklich wurde Aufklärung und Schulung für Journalisten auf der ganzen Welt gefordert, um jeder Anstiftung zu Hass und Gewalt in den Medien vorzubeugen. Das erschreckende Fazit der Konferenz war jedoch: Hassparolen sind weltweit im Vormarsch.

Ein Krieg der Sprachregelungen und der Klischees tobte zuletzt zwischen Russland und der Ukraine. Medien bezeichneten den politischen Gegner pauschal als Terroristen oder Faschisten und schürten damit den Hass. Forscher der Universität Brüssel sehen Hassparolen in Medien aber in vielen Ländern. Staatliche Sender und Zeitungen sind ebenso Akteure wie lokale Landfunkradios.

Dafür sind nicht wirklich Journalisten verantwortlich. Die Berufsbezeichnung kann missbraucht werden. Manchmal nennen sich Fanatiker Journalisten, obwohl sie nicht geschult wurden und die ethischen Grundsätze des Berufs nicht kennen. Dramatische Folgen hatten die Sendungen von Radio Télévision Libre des Mille Collines (RTLM) 1994 in Ruanda. „Die Tutsis sind Untermenschen", lautete die Botschaft über den Äther. Innerhalb von drei Monaten kostete die rassistische Hetze, die der Rundfunksender und die staatlich gelenkten Printmedien im Land unterstützten, rund eine Million Menschenleben. Der Rundfunk listete die Personen auf, die getötet werden sollten. RTLM lieferte ergänzend Hinweise, wo diese Personen gefunden werden konnten.

In Deutschland ist der Journalismus kein anerkannter Ausbildungsberuf und der Zugang nicht reglementiert, anderswo sind ein spezieller Studienabschluss und eine Zulassung Voraussetzung zu einer Anstellung in diesem Beruf. Dazu kommt die weltweit zunehmende Zahl „freier" Journalisten, die keine feste Anstellung haben – so versuchen Medienhäuser Kosten zu sparen.

Das World Wide Web, das sich gerade erst seit 1989 um die Welt zu spannen begann, bietet neue technische Möglichkeiten zur Verbreitung von Hass und Hetze. Der Kampf gegen Hassparolen wird allerdings durch Defizite in der nationalen Gesetzgebung erschwert. Die USA zählen zu den Ländern, in denen der Holocaust geleugnet werden darf. In Griechenland sitzen Verleugner sogar als Abgeordnete im Parlament. Aber müssen die Medien sie zu Wort kommen lassen?

Die Gleichschaltung der deutschen Medien unter der Nazi-Diktatur war als warnendes Beispiel ein Thema auf der genannten Brüsseler Konferenz. Beim Holocaust spielte die rassistische Hetze der gleichgeschalteten nationalsozialistischen Presse und des Rundfunks bekanntlich eine unsägliche Rolle. Joseph Goebbels erklärte es als „Idealzustand ..., dass die Presse so fein organisiert ist, dass sie in der Hand der Regierung sozusagen ein Klavier ist, auf dem die Regierung spielen kann ..." Das NS-Regime ist Vergangenheit. Doch da ist die Warnung, dass sich Hass versteckt „in Formulierungen und Vokabeln von Politikern, die die Presse übernimmt." Die Frage bleibt: welchen Anteil haben Vokabeln und Parolen daran, wenn in Deutschland Asylantenheime brennen oder Mitbürger mit sogenanntem Migrationshintergrund verprügelt werden?

Diskriminierende Untertöne in der Berichterstattung über Minderheiten werden in Deutschland immer seltener – dank der Arbeit des Deutschen Presserates. „Niemand darf wegen seines Geschlechts, einer Behinderung oder seiner Zugehörigkeit zu einer ethnischen, religiösen, sozialen oder nationalen Gruppe diskriminiert werden", heißt es in Ziffer 12 des Pressekodex. Schon die Nennung einer Nationalität in einem Kriminalfall ist normalerweise unzulässig, um falsche Vorurteile zu verhindern.

Die Zeit
lässt keine Chance

Zur Hightech mit Gasmaske

Die Propeller des Flugzeugs zurück nach Santiago de Chile begannen sich schon zu drehen, auf der Landepiste von Los Pelambres, 230 Flugkilometer von Santiago de Chile entfernt, 1600 Meter hoch in den Anden. Interessiert hätten mich die Lebensbedingungen und Löhne der Arbeiter an diesem Ort. Und wie oft kamen die Gasmasken zum Einsatz? Wie gefährlich war der Job? Im Grunde haben viele Geschichten zwei Seiten, ähnlich wie bei einer Medaille – doch nicht immer sind die Voraussetzungen gegeben, beide zu betrachten. Die Recherchemöglichkeiten waren auch in diesem Fall durch die Zeit begrenzt.

Nach der Landung auf der Piste vor der Verwaltungszentrale des Bergwerks wenige Stunden zuvor hatten wir Journalisten erst einmal einen Gesundheitscheck durch den Betriebsarzt über uns ergehen lassen müssen. Dann ging es ab in die riesigen Werkshallen: „Im Bottich wabert grauer, stinkender Schlamm. Viele Bottiche stehen nebeneinander in der Halle, größer als ein Fußballfeld. Arbeiter und Besucher haben Gasmasken griffbereit um den Hals hängen. Dazwischen ein Hightech-Leitstand." So beschrieb ich die Szene.

Die „Anlage" von Los Pelambres gehört zu den profitabelsten Kupferminen der Welt. Die Automatisierungs- und Antriebslösungen stammten aus Franken. In Erlangen entwickelte Siemens ein neues Wasseraufbereitungssystem, das 80 Prozent des zugeführten Wassers für den Produktionsprozess wieder verfügbar macht und hier im Einsatz war. Was geschieht mit Hightech aus dem Verbreitungsgebiet? Das war das ein Thema für die Regionalzeitung, und so fuhr ich 2007 auf Einladung von Siemens mit zum Ortstermin in Los Pelambres. Wie funktioniert überhaupt die Erzgewinnung? Wie sehen die Märkte und wie die Reserven unter der Erde aus? Ich erwarb neues Wissen in Gesprächen mit den Fachleuten vor Ort und gab es an die Leser und Leserinnen weiter.

Aber gab es Haken an der Geschichte? Ein Kollege aus Chile lieferte mir Hinweise: „Schau mal den Abhang hinunter ins Tal. Da fließt irgendwann das giftverseuchte Wasser ab. Längst hat es sich im Grundwasser festgesetzt und die Bauern im Tal können nichts mehr ernten." Es gab jedoch keine Möglichkeit, ins Tal zu gelangen, und ich hatte keine Chance, diesem Tipp nachzugehen.

Ein anderes Mal bezahlte Siemens eine Reise nach Indien, und sie ließ wiederum nur den Blick auf die eine Seite der Medaille zu. Toranagallu war das Ziel, erreicht nach einer fast tagelangen Busfahrt von Bangalore aus. Das Thema war in diesem Fall die Stahlindustrie. In Toranagallu hatte Siemens den größten Hochofen des Landes technisch „runderneuert". Im Minutentakt spuckte der Hochofen die glühenden Stahlplatten auf ein Band, um gewalzt und geformt zu werden. Es war ebenfalls ein klassisches Vorzeigeprojekt. Nicht weit vom Stahlwerk entfernt liege praktischerweise eine Eisenerzmine, hieß es am Rande. Doch dies war eben nur die halbe Geschichte. Was im Umfeld indischer Erzminen abläuft, erfuhr ich 15 Monate später in Neu-Delhi von indischen Kollegen am Rande eines Journalistenseminars. Die Stichwörter: Zwangsenteignungen von Land und Vertreibungen, damit die Firma die Gruben vergrößern könne.

Zu meiner ersten Indienreise hatte die damalige Siemens-Kraftwerksparte KWU mit Zentrale in Erlangen zur Halbjahrespressekonferenz nach Mumbai eingeladen. Nur dort nahmen sich die Vorstände die Zeit, um mit Medienvertretern zu sprechen. Nur dort bestand die Gelegenheit, Fragen nicht nur nach Geschäftszahlen, sondern auch nach der Beschäftigungsentwicklung zu stellen. So konnte ich in meinem Bericht aus Mumbai exklusiv über den geplanten Stellenabbau des Unternehmens im Verbreitungsgebiet informieren. Der Zeitaufwand von vier Tagen einschließlich etlicher Flugstunden war eigentlich nur ärgerlich.

Chile und Indien – die Reisen weckten den Neid von Kollegen. Aber sie waren nicht freiwillig, und mit reichlich Stress verbunden. Siemens gab vor, wo die Pressekonferenzen zu Bilanzen oder Sachthemen stattfanden. Ich hatte nie den Eindruck, dass man mich durch die Reisen hätte „kaufen" wollen. Inzwischen sind Telefonkonferenzen der Standard. Das ist bequemer, aber der nützliche fachbezogene Gedankenaustausch am Rande ging verloren.

Die Fassung aus dem Papierkorb

Meine erste Station während des Volontariats war die Regionalredaktion. Ein sehr geschätzter Kollege nahm mich unter seine Fittiche. Freundlich drückte er mir eine Pressemitteilung aus der Post in die Hand: „Mach da mal ne Kurzmeldung draus." Beflissen spannte ich ein Manuskriptpapier in die alte Schreibmaschine (heute wäre sie ein Museumsstück) und hackte einen Text herunter. Er schien mir gelungen. Von der Seite näherte ich mich respektvoll dem Kollegen. Der hackte selber nach dem Zweifingersystem wie wild, warf nur einen kurzen Blick auf das Papier, das ich ihm auf den Schreibtisch gelegt hatte, und meinte: „Naja, so geht das nicht. Versuch's noch einmal."

Ich hackte erneut, leicht frustriert. Eine zweite Fassung entstand. Ich fand sie eigentlich nicht so gut wie die erste. Der betreuende Kollege hackte immer noch, als ich mich ihm näherte. Er warf nur einen kurzen Blick auf das Papier und meinte: „Nee, so auch nicht." Ich ging zurück an meinen Platz. Ich war gekränkt.

Ich beschloss, das zerknüllte Papier mit meiner ersten Fassung aus dem Papierkorb zu holen, ohne dass es der Kollege bemerkte, und ich tippte einfach den ersten Text noch einmal ab. Von der Seite näherte ich mich zum dritten Mal dem betreuenden Kollegen. Der hackte jetzt selber nicht mehr, scherzte entspannt mit seinem Kollegen gegenüber. Er las das Papier durch und nickte: „Ja, prima, warum nicht gleich so?" Ich habe den Kollegen wirklich stets sehr geschätzt und im Laufe der Zeit viel von ihm gelernt. Aber er hatte in der beschriebenen Situation einfach keine Zeit, sich mit mir zu befassen.

Volontariate waren damals noch nicht so gründlich organisiert, wie sie es heute sind. Ein Ausbildungstarifvertrag für Journalisten und Journalistinnen musste erst durch einen Streik erstritten werden. Das gelang nur dank der Solidaritätsaktionen der Drucker, mit denen wir Schreiberlinge durch die *IG Druck und Papier* verbunden waren. Volontär zu sein hieß, einfach als Berufsanfänger weniger Gehalt zu bekommen. Inwieweit dabei Betreuung stattfand, war früher Glückssache.

So richtig gelernt, mit dem Druck im Redaktionsalltag umzugehen, habe ich in der Außenredaktion in Neumarkt in der Oberpfalz, bei den *Neumarkter Nachrichten*. Das war eine hervorragende Schule, an die ich mich gern erinnere. Der Reigen der Themen reichte von den Niederungen der Kommunalpolitik über die Auswertung des Polizeiberichts bis zu „Mist und Jauche" als Alternative zur chemischen Düngung in der Landwirtschaft. In der Mittagspause gingen wir immer alle zum Griechen in der Kneipe *Zum Türken*.

Es war praktisch Fließbandfertigung von Artikeln, und jeden Tag spornte uns der Ehrgeiz an, der Konkurrenz von der *Mittelbayerischen Zeitung* im selben Landkreis eine Nasenlänge voraus zu sein. Diese Konkurrenz gibt es noch heute, und sie ist motivierend. Vielerorts in Deutschland ist Konkurrenz jedoch durch Zeitungsfusionen und gemeinsame Newsdesks verlorengegangen, von denen verschiedene Medien Beiträge beziehen. So ist die publizistische Vielfalt eingeschränkt und Motivation begraben worden. Überhaupt Motivation: Sie ist in jedem Betrieb, in jeder Branche Voraussetzung für gute Leistung. Verleger und Chefredakteure sollten dafür sorgen. Tun sie das hinreichend?

Natürlich war ich stolz auf den Abdruck meines ersten Kommentars. Ich durfte ihn schreiben, als ich noch während des Studiums als Werkstudent bei der Zeitung beschäftigt war. Anlass war der Drogenbericht des Regierungsbezirks Mittelfranken. Er stellte fest, dass hier 1200 Personen von Rauschmitteln abhängig seien. Das war 1972. Ich hatte 49 Zeilen für den Kommentar, stellte die Frage, ob man nicht Haschisch aus dem Opiumgesetz ausklammern sollte und den Verkauf legalisieren könne, um damit den Händlern das Geschäft zu vermiesen. 40 Jahre später ist das immer noch ein Thema, und ich erinnerte mich an den Kommentar, als der Anbau der Pflanze durch Kranke, für die keine anderen Medikamente denkbar waren, erlaubt wurde. So gibt es Dauerthemen, die über Jahrzehnte nicht an Aktualität einbüßen.

Ich habe nicht gezählt, wie viele Leitartikel im Laufe der Jahre von mir erschienen sind. Das erste Mal ist man stolz, den Abdruck in der Zeitung zu sehen, aber mit der Zeit wird auch das zur Routine. Man freut sich später jedes Mal wieder, wenn der eigene Kommentar in der Presseschau des Rundfunks zitiert wird. Motivierend war es stets, wenn die Deutsche Presseagentur eine meiner Exklusivstorys aufgriff und weiter verbreitete.

Stammgast beim monatlichen Ritual

Der „Waschzettel" mit den neuesten statistischen Daten wurde erst unmittelbar zu Beginn der Pressekonferenz an die Journalisten verteilt. Handys gab es noch nicht und schon gar kein W-LAN. Die Hektik begann: Die Kollegen von den Nachrichtenagenturen rissen dem Pressesprecher die Vorlage aus der Hand und rannten zu den bereitstehenden Telefonen, um möglichst als erste die Daten an die jeweilige Zentrale durchzugeben. Inzwischen gab der Präsident der Bundesanstalt für Arbeit seine Kommentare und Wertungen ab. In den Meldungen von den Agenturen schlugen sich diese Aussagen nicht nieder.

Einige Jahre lang war ich Stammgast bei der monatlichen Pressekonferenz der Bundesagentur für Arbeit zur Entwicklung der Arbeitslosenzahlen. Bald wurde dies zur Routine. Menschenschicksale, oft tragische, werden bei dieser Gelegenheit zu anonymen Zahlen in einer Statistikzeile reduziert. Eigentlich ist das zynisch, aber der Job des Statistikers wie des Journalisten lässt nichts anderes zu.

Die Pressekonferenz folgte Ritualen. Nein, ich wurde nicht von den Kollegen mit den Fernsehkameras verfolgt. Oder wurde ich doch? Jedenfalls kam es mir oft so vor, dass die Kollegen nur darauf warteten, bis ich mir während der Pressekonferenz ein belegtes Brötchen angelte und davon abbiss. In diesem Augenblick schwenkten sie die Kamera vom Podium zur zuhörenden Journalistenrunde – zu dem, der da gerade kaute, nämlich auf mich.

Nach der Pressekonferenz bekommt der Berichterstatter dann Platz auf Seite eins der Zeitung zugewiesen, weiteren Platz für zusätzliche Informationen auf einer Seite weiter hinten. Dabei ist eine Interpretation der Datenflut gefragt, und oft ist zusätzlich ein Leitartikel zu schreiben. Angesichts des Stellenabbaus in den Redaktionen ist die Wahrscheinlichkeit hoch, dass der Autor außerdem noch andere Themen zu bearbeiten hat. Unerbittlich rückt bei alledem der Redaktionsschluss näher. Redaktionen, die keinen eigenen Vertreter zu solchen Pressekonferenzen entsenden können, haben es noch schwerer. Sie haben ja nur die reinen Zahlen zur Verfügung, die die Agenturen verbreiten.

Am meisten geschätzt habe ich Josef Stingl, den ich bis Ende März 1984 als Präsidenten der Agentur (da hieß sie noch *Bundesanstalt*) erlebte. Er war eine Respektsperson und dennoch sympathisch. Auf Fragen ging er ernsthaft ein. Er wusste stets, was Sache ist. Viele Vortragende bei Pressekonferenzen wissen nicht wirklich, wovon sie sprechen, und flüchten in ausweichende Allgemeinplätze. Entsprechend unbefriedigend fällt dann eine Berichterstattung aus.

Heute gehen die Texte der Artikel von Pressekonferenzen dank Laptops, die Journalisten mitschleppen, häufig direkt in die Redaktionen. Und von dort vielleicht gleich in die Online-Ausgabe. Die Rituale haben sich verändert, die Hektik ist jedoch geblieben.

Verborgen in den Archiven

„Die Nazi-Partei hat einen ‚Nach-Niederlage-Plan' formuliert, der nach dem Krieg eine Untergrundbewegung in Deutschland vorsieht, mit Verbindungen zu sympathisierenden Bewegungen im Ausland … Die wiederbelebte Nazi-Partei wird nach dem Krieg nicht notwendigerweise die Organisation und die Doktrinen annehmen, die die Partei während ihres Kampfes um die Macht und während ihrer Herrschaft über Deutschland kennzeichneten. Viele der historischen Eigenschaften der Partei werden durch die Niederlage in Misskredit geraten sein … Eine neonazistische Bewegung wird notwendigerweise neue Slogans und neue Taktiken annehmen müssen."

So ist es in einem als „geheim" eingestuften Bericht des US-Nachrichtendienstes OSS vom 13. Oktober 1944 zu lesen. Der Textauszug ist hier meines Wissens erstmals wiedergegeben. Ein solcher „Nach-Niederlage-Plans" ist nicht bekannt, und es stellen sich viele Fragen. Die Aktualität von neonazistischem Gedankengut ist jedenfalls geblieben, wie brennende Häuser von Asylbewerbern zeigen. Gegenwart trifft auf Vergangenheit.

Tonnen von Dokumenten müssen es gewesen sein, die die US-Behörden nach Ende des Zweiten Weltkrieges zusammentrugen: Unterlagen aus der NS-Zeit ebenso wie Dokumente der eigenen Militärregierung. Die Kopien, auf Mikrofilme gebannt, sind im Bundesarchiv in Koblenz zugänglich. Systematisch ausgewertet wurden sie nie – kein Wunder, denn es gibt keinen Katalog mit Inhaltsangaben. Das meiste ist harmlos, aber im Fundus dieser Quellen schlummern sicherlich noch brisante Geschichten, die der Aufarbeitung deutscher Vergangenheit dienlich wären.

Recherchen in Archiven und Bibliotheken für den Hintergrund von Artikeln – dafür haben Wissenschaftler, aber nicht Journalisten im Redaktionsalltag die Zeit. Jede Menge Verborgenes liegt natürlich nicht nur in der Vergangenheit, sondern ebenso in der Gegenwart. Es besteht kein Unterschied: Die Arbeitsbedingungen – knappe Stellen und Zeitdruck – verhindern in der Regel die Suche in Archiven. Als Ärgernis empfinden Journalisten auch die Zurückhaltung von Behörden bei Auskünften, begründet mit Bestimmungen zum Datenschutz und zu Persönlichkeitsrechten.

Mich trieb es zum Bundesarchiv in Koblenz auf der Suche nach Quellen für ein Buchprojekt. Es war eine Begegnung mit der Geschichte. Unter dem Titel *Der Befreiungsminister – Gottlob Kamm und die Entnazifizierung in Württemberg-Baden* kam das Buch dann in die Buchläden. Es war ein Projekt, wie ich es mir als Historiker und Journalist nur wünschen konnte. Bertold Kamm und ich waren Koautoren. Bertold Kamm war als Sohn des Gottlob Kamm – zwischen 1946 und 1948 der besagte Minister – ein Zeitzeuge, und er brachte sein phänomenales Gedächtnis ein. Bertold Kamm saß ab 1966 selber als SPD-Politiker 20 Jahre lang im bayerischen Landtag, amtierte dort ab 1978 als 1. Vizepräsident. Mein Part waren weitergehende Recherchen und die Schreibe.

Ich verzettelte mich bei der stichprobenartigen Durchsicht der Mikrofilme in Koblenz, blieb an manchen anderen Dokumenten hängen. Vieles war als „vertraulich", wenn nicht gar „geheim" abgestempelt. Ein Beispiel waren Dokumente zur „operation paperclip", mit der die amerikanische Militärverwaltung systematisch versuchte, eine Übersiedlung deutscher Wissenschaftler mit ihren Familien in die USA zu organisieren. Im Gegensatz zur breiten Masse der Bevölkerung wurden die ausgewählten Personen nicht auf ihre Vergangenheit hin überprüft. Es waren am Ende 15.000 Namen. Der Fall des Wernher von Braun ist bekannt, auf der Liste standen ebenso unbekanntere Namen wie der frühere NSDAP-Ortsgruppenleiter D. aus Nürnberg, von Beruf Ingenieur, oder ein Dr. A. von der Torpedoversuchsanstalt in Gotenhafen. Eine Anweisung des US-Hauptquartiers besagte: „Es sind alle Vorkehrungen zu treffen, um zu verhindern, dass diese Operation publik wird." Am Ende kamen an die 1.000 Wissenschaftler zusammen – pro Person konnten sie persönliches Gepäck bis zu einem Gewicht von 174 Pfund mitführen, jede Familie durfte Haushaltsgüter bis zu 1.000 Pfund mit auf die Reise nehmen.

„Secret" war der Bericht, nach der in der Zeit zwischen dem 1. April und dem 30. September 1948 die Zahl der ehemaligen Nazis im öffentlichen „senior civil service" Baden-Württembergs von 47,9 auf 56,4 Prozent gestiegen war. Spannend: das Gerangel zwischen den US-Behörden und der Kirche, nazi-freundliche Geistliche aus dem Dienst zu verbannen.

Schlecht war damals die Stimmung in der deutschen Bevölkerung. „Nationalistische Gefühle sind im Zunehmen begriffen, aber noch nicht sehr ausgesprochen; denn sie stammen bisher meist aus dem Gefühl der Verzweiflung, dass den Deutschen doch niemand helfen wolle, wobei das Gefühl vorherrscht, dass die ‚anderen‘, womit eigentlich die Amerikaner gemeint sind, den Deutschen doch helfen müssten. Man hört in zunehmendem Maße, dass der Amerikaner die Deutschen eben auch verhungern lassen wolle." So steht es im „Volksmeinungsbericht" der „Berlin opinion surveys unit" der US-Militärregierung über Deutschland vom Mai 1948. Tatsächlich haben „die Amerikaner" den Deutschen nach dem Weltkrieg unendlich geholfen.

Unzucht nur in der ersten Klasse

Manche Geschichten bleiben ungeschrieben, weil einem die Zeit fehlt, sie in die Tastatur zu tippen. Ein Beispiel ist die Geschichte von den zwei Polizisten, die mit Schäferhunden an der Leine am Bahnsteig von Würzburg auf uns warteten.

Wir, das waren eine Kollegin aus München und ich. Damals gab es noch einen Nachtzug von Wien nach Oostende, mit Zwischenstopps in Nürnberg und Brüssel. Beide hatten wir am nächsten Tag in Brüssel zu tun, und die Bahn verkaufte als Sonderaktion Gruppenfahrkarten schon ab zwei Personen. So taten wir uns zusammen und buchten ein Zweier-Abteil zweiter Klasse im Nachtzug der ÖBB. Das war kein Problem am Bahnhofsschalter. Der österreichische Schaffner aber hatte eines, nachdem wir in den Zug eingestiegen waren. Männlein und Weiblein in einem Abteil? Das war für ihn nicht akzeptabel.

Der Zug fuhr an, der Disput wurde heftiger, und schließlich fiel der Satz: „Bei mir gibt's keine Unzucht." Dem deutschen Schaffner, der zur Kontrolle der Fahrkarten hinzukam, war die Auseinandersetzung unangenehm, aber der Schlafwagen, der durch Deutschland rollte, war österreichisches Hoheitsgebiet, wie er erklärte. Sein österreichischer Kollege kündigte an, dass er uns durch die Polizei in Würzburg aus dem Zug holen lassen würde.

Die Polizei war dann tatsächlich am Bahnsteig. Die zwei jungen Polizisten waren ebenfalls sichtbar ratlos. Dann fiel dem österreichischen Nachtzug-Wächter ein Kompromiss ein: Ja, wenn wir erster Klasse fahren würden, dann gebe es kein Problem.

Wir mussten beide am nächsten Vormittag in Brüssel sein. Also zahlten wir notgedrungen die Differenz zwischen erster und zweiter Klasse.

Nach dem Trip nach Brüssel wartete ein Urlaub auf mich, bei der Rückkehr in den Dienst wollte ich eine Glosse über das Erlebnis schreiben. Die Überschrift hatte ich schon im Kopf: „Unzucht bei der ÖBB nur erster Klasse". Doch nach dem Urlaub gab es gleich wieder so viel Hektik, dass ich nicht mehr die Zeit dazu fand. Schade!

Einflüsse bleiben nicht aus

Falsche Weichenstellung der Verleger

Wir waren eigentlich recht weit vorangekommen – hatten „Güte-Regeln" definiert, technische Detailfragen in der Theorie gelöst. Das Rezept hieß „Press Mark". Es sollte eine Art Gütesiegel werden – für Informationen von professionell ausgebildeten Zeitungsjournalisten.

Als Mitglied des Steering Committee der Europäischen Journalisten-Föderation saß ich mit am Verhandlungstisch mit Vertretern des Europäischen Verlegerverbandes, der European Newspaper Publishers Association (ENPA). Sozialer Dialog war stets ein Ziel. In diesem Sinne gab es diese Arbeitsgruppe. Mehrmals trafen wir uns in Brüssel. Die Frage war: Wie sollten sich Beiträge aus Zeitungsredaktionen gegen die Flut von Online-Informationsangeboten behaupten können? Wie könnte man die Leserschaft dazu bringen, für das Angebot aus den Redaktionen am Bildschirm etwas zu zahlen?

Es kam die Frage auf, wer von Vergütungen profitieren sollte. Das Urheberrecht kam ins Spiel. Die Kontroverse darüber war nicht überbrückbar. Insbesondere die deutschen und britischen Verleger wollten eine Vergütung mit den Autoren nicht teilen. Die „Press Mark" wurde zu Grabe getragen und die Gespräche endeten. Immer mehr Beiträge aus den Zeitungsredaktionen gingen kostenlos ins Netz und die Abonnentenzahlen der Print-Ausgaben sanken.

So „ticken" Zeitungsverleger. Mein eigener Verleger war eine Ausnahme. Ich begegnete ihm in über 30 Jahren in seinem Hause nur zwei oder drei Mal. Die *Nürnberger Nachrichten* galten stets als sozial eingestellt und in gewissem Sinne befand sich die Redaktion über Jahrzehnte hinweg fast wie auf einer Insel der Seligen.

Ebenfalls eine positive Erfahrung war die Zusammenarbeit mit Verlegern als Mitglied des Deutschen Presserates. Hohen Respekt hatte ich besonders vor Fried von Bismarck, dem ehemaligen Verlagsleiter des *Spiegel* und Geschäftsführer von *Spiegel TV*, der 2011 nach 20 Jahren aus dem Presserat ausschied. In einem der Beschwerdeausschüsse lernte ich seine Erfahrung schätzen.

Allgemein ist dennoch festzustellen: Nach dem Zweiten Weltkrieg gingen Verleger ans Werk, die publizistische Werte verfolgten. Sie sind praktisch ausgestorben. Heute werden die großen Zeitungsverlage von Unternehmern geleitet, die, wie in anderen Branchen auch, betriebswirtschaftlich denken und vor allem auf die Rendite aus sind.

Meine gewerkschaftlichen Funktionen ließen mich an Tarifverhandlungen teilnehmen. Das war mit vielen Ritualen verbunden. Bei Spitzengesprächen, die es irgendwann zwischen acht Augen gab, legten beide Seiten das Problem offen, was sie den jeweiligen Tarifkommissionen intern „verkaufen" könnten und was nicht. Am Ende hat es immer Kompromisse gegeben.

Ob die Verleger in der Lage sind, Wege in die Zukunft der Zeitung zu beschreiten, ist mit Fragezeichen verbunden. Denn jede Qualitätsarbeit braucht vernünftige Bezahlung und vernünftige tarifvertraglich festgelegte Voraussetzungen – also auch Qualitätsjournalismus. Davon kann gegenwärtig kaum die Rede sein. Heute kommt die Absicherung für Kollegen und Kolleginnen, die für Online-Ausgaben arbeiten, als eine neue Herausforderung hinzu.

Jede Branche braucht zudem Innovation. In der Medienbranche hat es aber lange keine mehr gegeben – die kostenlosen Online-Ausgaben sind jedenfalls keine. Andere Inhalte und Themen – losgelöst vom Angebot der elektronischen Medien – sind gefragt. Neue Geschäftsmodelle müssten diskutiert werden. Die „öffentlich-rechtliche Zeitung" nach dem Modell des öffentlich-rechtlichen Rundfunks ist eine interessante Idee. Crowdfunding vielleicht? Die Zeitungsbranche ist nicht am Ende, sie muss sich aber etwas einfallen lassen. Aussterben wird die Zeitung jedenfalls nicht, aber die genaue Position im Spektrum der Informationsanbieter ist noch zu finden.

Feilschen ums Honorar

Auf dem Basar im Orient feilschen Käufer und Verkäufer um Preise. In manchen Redaktionen geht es ähnlich zu. Freie, das heißt nicht festangestellte Journalisten, müssen faire Honorare für ihre Texte aushandeln. Wenn eine Redaktion tatsächlich den tarifvertraglich festgesetzten Betrag pro Zeile einhält, dann kann die Zeilenzahl zum Gegenstand einer Verhandlung werden. Die Entscheidung liegt beim Redakteur, der Termine vergibt oder einen Themenvorschlag gutheißen soll. Bessere Honorare scheitern jedoch am Sparkurs der Verlegermehrheit.

Artikelpauschalen sind ebenso selten wie Erstattungen von Fahrt- und anderen Kosten des „Freien". „Zeilenschinden" wäre nicht notwendig, wenn der Maßstab der Honorierung die aufgewendete Zeit und nicht die Zeile wäre. Davon könnte die Qualität einer Zeitung gewinnen, denn Quantität führt nicht unbedingt zu mehr Qualität. Der Haken bei der Geschichte sind allerdings die von den Verlagsleitungen festgesetzten Ressortbudgets. Sie müssten im Gleichklang mit tariflichen Honorarerhöhungen steigen. Ohne dieses kommt es mancherorts zur Konkurrenz um Arbeitsaufträge zwischen „Freien".

Ganz übel hat Arbeitsverdrängung die Fotografen getroffen. Die Zahl der festen Arbeitsplätze für sie schrumpft. Schreibende Redakteure werden immer häufiger dazu angehalten, nebenbei auf den Auslöser ihres Fotoapparates zu drücken. Nur noch wenige Verlage verzichten auf Leserfotos. Im multimedialen Zeitalter sieht man Journalisten nicht nur mit Kugelschreiber, Block und Fotoapparat, sondern zudem mit Mikrofon und Videokamera ausgestattet.

Zeitungsverlage sind normale Betriebe mit einer Arbeitsteilung. Durch den rasanten technischen Wandel in der Druckindustrie wurde in diesen Betrieben eine allgemeine interne Konkurrenz um Arbeit aufgezwungen. Früher stand das Ergebnis des Sammelns und Verarbeitens von Informationen – dem Kern journalistischer Tätigkeit – auf Papier und wurde mit Hilfe von Redaktionsboten zunächst zu den Korrektoren getragen. Diese wurden längst wegrationalisiert. Deren Aufgabe müssen die Journalisten und Journalistinnen heute selbst übernehmen – mit dem Ergebnis, dass der Druckfehlerteufel täglich Feste feiert. Manchmal lesen Kollegen gegen, was ihnen Zeit für ihre Recherchen kostet.

Von den Korrektoren gingen die Texte zu den Männern an den Setzmaschinen. Am Abend, am Umbruchtisch, war es dann manchmal notwendig, selbst zu den Kollegen an den Blei-Setzmaschinen zu gehen – mit der Bitte, einen Absatz neu zu setzen, um Fehler auszumerzen. Das Klicken der Tasten an den hitzeausströmenden, schweren Maschinenmonstern war für mich wie Musik.

Dann: Mit den heißen Zeilen aus Blei in der Hand zurück zum Umbruchtisch, wo die „Schiffe" darauf warteten, von den Metteuren bestückt zu werden. Wir Journalisten aus der Redaktion und die Kollegen aus der Technik, wir waren wie eine Familie. Es kamen die papierenen Fahnen und der sogenannte Klebe-umbruch. Heute werden die Texte vom Journalisten in die Spalten des Layouts auf dem Bildschirm überführt. Es gibt kaum noch persönliche Kontakte zwischen den Redaktionen und der technischen Weiterverarbeitung. Der Wandel ging einher mit einer Entfremdung der Arbeit, einer Entfremdung eben zwischen den Journalisten und den Kollegen in „der Technik".

Im Fadenkreuz der Stasi

H. war und ist ein liebenswerter Mensch. Er war Dolmetscher im staatlichen Dienst, und wir diskutierten auch über Politik. Einmal sagte er mir, eigentlich dürfte er sich mit mir überhaupt nicht treffen und er müsse über seinen Kontakt mit mir den Behörden berichten. Das nahm ich zur Kenntnis. Ich war überzeugt, ich hätte nichts zu verbergen und wüsste nichts, was für DDR-Behörden wichtig zu erfahren gewesen sein sollte.

Jahr für Jahr fuhr ich zur Leipziger Frühjahrsmesse. Die Stimmung unter den bayerischen Ausstellern war der Gegenstand meiner Berichterstattung. Die IHK Nürnberg unterhielt in Leipzig viele Jahre lang einen Gemeinschaftsstand für mittelfränkische Unternehmen. Das war eine Plattform für Kontakte, Verträge wurden während der Messe unterzeichnet, neue Geschäftsabschlüsse gab es dagegen kaum. Ich übernachtete privat – bei der Familie einer ehemaligen Schulfreundin meiner Mutter, mit der der Kontakt nie abgebrochen war. H. war ihr Schwiegersohn. Im Akkreditierungsbüro zur Messe hatte ich stets meine Unterkunft anzugeben, aber nie gab es deswegen Probleme oder Fragen.

Es war eine enge Verbindung zu der Freundin meiner Mutter: Als Kinderärztin durfte sie zu Ärztekongressen im Westen fahren und konnte jedes Mal einen Abstecher zu meiner Familie unternehmen. Als sie das Rentenalter erreichte, besuchte uns „Tante Hanneliese" jährlich. Das ging damals ganz einfach: Am hiesigen Passamt tauschte sie vorübergehend ihren DDR-Ausweis gegen einen provisorischen westdeutschen ein. So konnten wir mit ihr Trips mal nach Paris, ein andermal nach Florenz und in die Toskana unternehmen. Vor der Heimreise nach Leipzig tauschte sie die Pässe wieder um.

Im Fadenkreuz der Stasi: Das waren natürlich Journalisten zu DDR-Zeiten. In vielen Ländern gehört Überwachung durch den Geheimdienst nach wie vor zu den Arbeitsbedingungen von Kollegen und Kolleginnen. Man braucht bei diesem Thema allerdings nicht in die Ferne schweifen, sondern muss auf die Abhördiskussion hierzulande hinweisen.

Obwohl ich ein neugieriger Mensch bin, habe ich nach der deutschen Vereinigung nicht nach Unterlagen der Stasi über mich geforscht, die H. gesammelt und abgeliefert haben könnte. Wozu auch?

Journalismus im Dienste des Staates

„Journalismus steht im Dienst des Staates", war eine seiner Aussagen. Zwei Welten prallten aufeinander, als Anfang 1989 Prof. Gerhard Fuchs zu einer Veranstaltung der dju nach Nürnberg kam. Es war eine Premiere im deutsch-deutschen Journalistendialog. „Das Bild der DDR in der BRD und umgekehrt", hatten wir als Thema ausgeschrieben.

Fuchs war seit 1978 Direktor der Sektion Journalistik an der Karl-Marx-Universität Leipzig – dem „Roten Kloster", wie es die Studenten nannten. Fuchs trat in Nürnberg das erste Mal im westlichen Teil Deutschlands bei einer öffentlichen Gewerkschaftsveranstaltung auf und er stand ehrlich dazu: Ja, den „Dienst" könne man als Propaganda bezeichnen. Die Sektion Journalistik unterstand der direkten Aufsicht der Abteilung „Agitation und Propaganda" des Zentralkomitees der SED. Ohne die Ausbildung in dieser Sektion der Universität durchlaufen zu haben, war in der DDR kaum ein Arbeitsplatz in einer Redaktion zu bekommen.

Natürlich blieb es beim Dissens, was die Aufgabe von Journalisten und Journalistinnen ist. Das Leipziger Institut wurde im Dezember 1990 „abgewickelt". So wie es mit der DDR geschah. Medien als Propagandainstrument, das ist in Deutschland Geschichte.

In allzu vielen Ländern ist allerdings nach wie vor die Vorstellung der Männer (seltener: Frauen) an der Macht verbreitet, dass die Medien in ihrem Sinne berichten sollten. Der Kampf um Pressefreiheit ist eine Daueraufgabe für die Internationale Journalisten-Föderation und andere Organisationen wie *Reporter ohne Grenzen*. Denn eine freie, eben auch kritische Berichterstattung ist eine Voraussetzung für Demokratie und die Bewahrung von Menschenrechten.

Atommüll in den Sahel

„Mit einer Investitionssumme von 100 Millionen Euro engagieren sich die Firma Logicon AG in Erlangen gemeinsam mit der französischen Firma Duront S.A. in der Inneren Mongolei. In Zusammenarbeit mit der chinesischen Firma Xi Dong in Qingshan bauen die Logicon AG und die Duront S.A. im Rahmen des staatlichen chinesischen Privatisierungsprogramms den Flughafen von Qingshan aus. Eine entsprechende Absichtserklärung wurde am vorigen Freitag in Qingshan unterzeichnet. Die drei Partner beabsichtigen, durch den Ausbau die Landekapazitäten in Qingshan zu erhöhen. Ab Mitte nächsten Jahres sollen in Qingshan sowohl Passagier- als auch Frachtmaschinen vom Typ A-319 und A-320 landen können. Außer der Landebahn sollen auch die Ankunftshallen modernisiert und sollen im Umkreis unterirdische Lager errichtet werden. Logicon und Duront werden während der Bauarbeiten sechs Monate lang 950 chinesische Arbeiter einstellen. Nach Abschluss der Bauarbeiten werden 40 Fachkräfte beschäftigt bleiben. Die Mehrzahl von ihnen wird in Qualifizierungsmaßnahmen in Deutschland geschult."

So stand es auf dem „Waschzettel" zu einer Pressekonferenz der Firma Logicon, und der Geschäftsführer informierte die Journalisten.

Die Firma Logicon gibt es freilich nicht. Die Rolle des Geschäftsführers spielte ich selbst. Über viele Jahre hinweg war die Schein-Pressekonferenz ein Bestandteil der Volontärausbildung bei den *Nürnberger Nachrichten*. Der Zweck der Übung: Eine Pressekonferenz üben und herausfinden, ob hinter dem Verteilten und Gesagten noch eine ganz andere Story versteckt sein könnte. Fragetechniken galt es zu üben. Diese Szene gehört in dieses Buch, denn Ausbildung ist eine Voraussetzung für Arbeit in den Medien.

Ich kam in den Raum und stellte mich als Geschäftsführer Wildscheck vor. Es musste die Frage kommen, wie denn der Name geschrieben wird: Vlcek. Präzision ist schließlich bei der Berichterstattung gefragt. Was ich dann vortrug, deckte sich nicht ganz mit dem „Waschzettel". Da musste man ebenfalls nachfragen. Und was war dann die eigentliche, die „andere" Story? Sie war hinter den „unterirdischen Lagern" verborgen. Die angehenden Kollegen und Kolleginnen kamen kurz über lang auf die Frage. Die Antwort: Atommüll aus

Deutschland sollte dort im Untergrund versenkt werden. Solche Pläne gab es tatsächlich einmal.

„Das ist eine Lösung, mit der sich die Castor-Transporte erübrigen. Während hier wildgewordene Idioten den Aufstand inszenieren, ist man in anderen Ländern bei dem Thema weniger zimperlich." So sagte es der „Geschäftsführer" stets schlotterig – reif für ein Zitat, einen O-Ton von der Pressekonferenz, der für sich selbst spricht.

Die Botschaft im Volontärkurs: Wer zu einer Pressekonferenz einlädt, will sich (seine Organisation, Firma, sich selbst), und eine bestimmte Botschaft gegenüber der Öffentlichkeit „verkaufen". Die Veranstalter missverstehen eine Pressekonferenz oft als eine Variante von PR. Das heißt: Alles, was auf einer Pressekonferenz gesagt wird, ist die parteiische Sicht oder Selbstdarstellung derjenigen, die die Pressekonferenz abhalten. Oft haben ganze Mitarbeiterstäbe an der Vorbereitung gearbeitet.

Journalismus erfüllt dann seine Aufgabe, wenn er nachhakt und sich als kritischer Journalismus erweist. Suggestivfragen sind fehl am Platz. Den Veranstaltern dürfen die Journalisten keine Hinweise geben, was sie persönlich von dem Gesagten halten.

Den Rekord unter den Pressekonferenzen, die ich besuchte, hielt eine solche des Siemens-Konzerns. Es war eine Jahres-Pressekonferenz, und sie dauerte vier Stunden. Zu jener Zeit lud das Unternehmen Journalisten aus praktisch allen Ländern zu diesem Anlass ein, in denen es eine Landesgesellschaft unterhielt. Für Kollegen aus Brasilien oder Slowenien war dies dann die einzige Gelegenheit, um über die Geschäfte von Siemens in ihren jeweiligen Ländern nachzufragen. Sie nutzten das ausgiebig – und doch war die Zeit zu kurz für alle Fragen und Antworten.

Sauer auf die Kollegen daheim

Stocksauer war ich auf die Kollegen daheim – aber nur einen Tag lang. Wieder einmal hatte Siemens eingeladen. Diesmal ging der Trip zum Börsengang des Konzerns nach New York. „We are an American company", erklärte der Vorstandsvorsitzende Heinrich von Pierer auf einer Pressekonferenz. Manche Zuhörer wunderten sich.

Der Hintergrund: Der Gang an die Wall Street sollte mehr Geld von amerikanischen Aktionären in die Konzernkassen spülen und größere Operationsspielräume in den USA eröffnen, aber er erwies sich im Nachhinein als fatal. Zum einen setzte sich Siemens der genauen Beobachtung der US-Börsenaufsicht SEC Securities and Exchange Commission aus, was bei der Aufarbeitung der späteren Korruptionsaffäre erheblich mehr Geld kostete, als es jemals eingebracht hatte. Zum anderen war das de facto eine Kriegserklärung an den US-Konkurrenten General Electric – langfristig revanchierte sich dieser, durchaus erfolgreich, auf den internationalen Märkten.

Es gab am Tag vor dem Börsengang eine Gewinnwarnung von Ericsson. Der Aktienkurs rauschte in den Keller, und der Dow Jones rauschte mit – 200 Punkte innerhalb von zehn Minuten. Der Siemens-Vorstand beschloss: Die eigene Aktie sollte nicht in den Strudel hineingezogen werden. Also gab es tags darauf gleich noch eine Pressekonferenz. Beim Frühstück in der obersten Etage des World Trade Center, um 6 Uhr in der Früh am 13. März 2001. Das war so früh wegen der Zeitverschiebung. Dann war es in Deutschland Mittag, also die beste Zeit, um mit den Botschaften auch dort noch die Kurse zu beeinflussen. Ich nahm mir als leichtes Frühstück vom Buffet zwei Croissants, Butter und Marmelade und einen Kaffee. Ein halbes Jahr später sollte es so etwas im World Trade Center nicht mehr geben. Überhaupt sollte es das ganze World Trade Center nicht mehr geben.

Von Pierer bekräftigte noch einmal die bekannten Umsatz- und Ergebnisziele. Per Eilmeldung sonderten, noch während er sprach, die mitgereisten Vertreter der beiden Nachrichtenagenturen dpa und reuters die Botschaften in ihre Zentralen nach Deutschland ab. Von Pierer merkte dann noch an: Dies alles gelte natürlich ohne Infineon. Er musste dieses klarstellen, denn Infineon war zu diesem Zeitpunkt längst von der einstigen Mutter Siemens abgespalten und als ein eigener Börsenwert notiert – und schon seit einem Jahr auch an der New York Stock Exchange gelistet. Ein Kollege von einer überregionalen Zeitung pflaumte von Pierer grinsend an: „Na, ist das nicht doch eine versteckte Gewinnwarnung?" Der Vorstandschef verstand den Scherz und grinste zurück, verzichtete aber auf eine Antwort.

Die zwei Kollegen von den Nachrichtenagenturen waren jung, sie waren das erste Mal von ihren Zentralen auf einen solchen Trip geschickt worden und kannten von Pierer nicht. Der eine Kollege hatte wohl nur halb hingehört. War er vielleicht noch müde zu dem ungewohnt frühen Termin der Pressekonferenz? Auf jeden Fall war er ehrgeizig. Eine Minute später sandte er eine Eilmeldung über den Atlantik: „Siemens gibt Gewinnwarnung".

Noch bekam in der obersten Etage des World Trade Center niemand den Unsinn mit. Es dauerte fünf Minuten, und beim Kollegen von der anderen Nachrichtenagentur klingelte das Handy. Er erblasste. Der Anschiss von seinem Chef vom Dienst daheim war heftig: „Hast Du geschlafen? Wieso meldest Du nicht die Gewinnwarnung, die die Konkurrenz längst durchgegeben hat?" Eingeschüchtert, ging nun auch von ihm die in der Zentrale erwartete Gewinnwarnung raus.

Im Text, den ich selbst an meine Redaktion durchgab, war natürlich keine Rede von einer Gewinnwarnung. Ich fiel aus allen Wolken, als ich nach der Rückkehr nach Deutschland die Zeitung mit meinem Bericht aufschlug. In der Unterzeile stand: Siemens gibt Gewinnwarnung. Und das unter meinem Namen! Die Kollegen hatten sich dafür entschieden, meinen Text einfach durch den von der Agentur zu ergänzen. Sie hatten beides gemischt, und es war gut gemeint. Denn was über Agentur kommt, muss doch stimmen ... Nachrichtenagenturfetischismus nenne ich den Virus, der wohl in der Mehrzahl der deutschen Zeitungsredaktionen grassiert.

Abgesehen von diesem Erlebnis waren wir über all die Jahre hinweg in der Wirtschaftsredaktion ein super Team. Wir hielten stets zusammen, respektierten und halfen einander, so unterschiedlich wir waren. Wir hielten uns gegenseitig den Rücken frei, wenn der/die andere unter besonderem Arbeitsdruck stand. In einem schwierigen Umfeld mit vielen Konflikten war das Arbeitsklima im Ressort einfach spitze.

Eine Fußnote: Zu jener Zeit funktionierten in Europa gekaufte Handys in den USA noch nicht. Man brauchte schon ein besonderes Triband-Gerät. Siemens stellte allen Journalisten, die an der Reise teilnahmen, ein solches zur Verfügung, und es hieß, man könne es behalten. Nach meiner Wahrnehmung haben vor dem Heimflug dennoch alle Kollegen und Kolleginnen dieses Handy wieder in bereitgestellte Kartons gelegt.

Legionäre auf der Kaiserburg

In Deutschland gibt es keine Zensur und keine Behinderung von Veröffentlichungen. Oder doch, manchmal?

Eine andere Frage trieb mich um: Wie alt ist Nürnberg? Im Jahr 2000 feierte die Stadt ihr 950-jähriges Jubiläum. Aufhänger war das älteste erhalten gebliebene Dokument, in dem „Norenberc" erwähnt wird. Bei einem Hoftag Heinrichs III. führte der „edle Mann" Richolfs dem König die „Serva" Sigena vor. Die Urkunde von 1050 bestätigt die Entlassung der Magd aus der Leibeigenschaft.

Ein zufälliger Quellenfund in der Bibliothek des Germanischen Nationalmuseums führte mich auf eine andere Spur. Es stimmten „die meisten Scribenten überein, dass Nürnberg von sehr alten Ursprungs und nicht lang nach Christi Geburt ihren Anfang genommen, auch die Römer jener Zeit ihren Aufenthalt in diesem Flecken des Landes genommen", ist in dem undatierten handschriftlichen Manuskript zur Geschichte Nürnbergs zu lesen. Andere alte Schriften hatte der unbekannte Chronist erklärtermaßen vor sich – doch diese Quellen sind verschollen. Genannt wird der Feldherr Drusus Nero, der 38 v. Chr. bis 9 v. Chr. lebte und durch seine Feldzüge gegen die Germanen bekannt wurde. Auf die Spur des Drusus Nero stößt man in Mainz (damals „Mogontiacum"). Kaiser Augustus übertrug Drusus Nero auch das Kommando über die im Kastell des heutigen Bonn stationierten Streitkräfte. Jener habe auf dem heutigen Nürnberger Burgfelsen ein Winterquartier unterhalten, heißt es in dem genannten Manuskript. Im Umfeld des Lagers hätten sich Schmiede und Händler niedergelassen. Sie waren dann wohl die „Neronesberger". Natürlich ist das Spekulation, ist das Legende – oder nicht? Klar ist: Wenn es einen Hoftag gab, bei dem die Sigena freigelassen wurde, dann muss hier schon vor 1050 eine Siedlung bestanden haben.

„Es könnte gewesen sein, dass ..." war der Tenor eines Beitrags, den ich für die Wochenendbeilage der Zeitung schrieb. Kollegen in diesem Ressort hatten sie liebevoll mit einer Montage von der Nürnberger Kaiserburg bebildert, auf der römische Legionäre spazierten. Doch erschienen ist diese Geschichte nicht. Ein leitender Verlagsmanager sah einen Vorab-Ausdruck der Seite und stoppte den Druck. Er hatte das Vorwort zum offiziellen Jubiläumsbuch der Stadt verfasst.

Ich ging zu Franz Metzger, dem Chefredakteur der Zeitschrift *G/Geschichte*. Von Anfang an war ich als Autor mit im Boot, als die Monatszeitschrift unter dem Namen *G/Geschichte mit Pfiff* gegründet wurde. Ich erzählte Franz, dass ich eine Story hatte, und dass sie von der Zeitung gekippt worden war. Das Konzept von „G" sind eigentlich Ausgaben mit zeitlich und territorial klar definierten Themen. Trotzdem meinte Franz, das könne er, etwas umgeschrieben und verallgemeinert, außer der Reihe unterbringen. Ich verallgemeinerte den Fall Nürnberg, führte das Problem verschollenen Wissens vor Augen. So erschien die Story doch noch.

Im Interesse der Firma

Eines Tages rief mich der Pressesprecher an: „Wenn mich der Herr Doktor Mayer fragen würde, ob es stimmt, dass in unserem Haus 300 Mitarbeiter entlassen werden sollen, müsste ich das dementieren. Aber wenn der Herr Doktor Mayer beim Landesarbeitsamt anfragen würde, ob eine solche Massenentlassung angemeldet ist, dann würde er das bestätigt bekommen." So wählte ich die Nummer des Amtssprechers. Prompt bekam ich eine Bestätigung, die zitierbar war.

Der Name des Unternehmens ist nebensächlich. Der Pressesprecher war von der „alten Schule". Seine Überlegung war: Die Information kommt doch bald heraus, und die Anweisung des Vorstands, negative Nachrichten abzuwehren oder Fakten zu dementieren, schadet im Zweifelsfall. Das ist nicht wirklich im Interesse der Firma. Die Pressesprecher der „alten Schule" sind allerdings so gut wie ausgestorben, Journalisten begegnen solchen nur noch selten. Die „alte Schule", die sich in der Regel aus Zeitungsredaktionen rekrutierte, dachte mit und hatte manchmal andere Vorstellungen von diesem „Interesse" als der Firmenchef oder der Manager an der Spitze. Natürlich war Vertrauen die Grundlage für Gespräche wie das oben beschriebene.

Pressesprecher sind Scharniere im Kommunikationsprozess, und wie sie „ticken", beeinflusst Nachrichten. Heute sitzen bisweilen Juristen auf diesen Posten. Sogar auf technische Ingenieure bin ich gestoßen. Redaktionen sind auf sie beim Informationsfluss angewiesen. Dass sie die Berichterstattung im Interesse ihrer Arbeitgeber beeinflussen wollen, ist die Aufgabe von Pressesprechern. Dafür werden sie von Einrichtungen der Politik, der Behörden, von Wirtschaft, Kultur und Sport bezahlt. Es ist eine Rolle. Aber sie ist mit einem Selbstverständnis verbunden: Sehen Pressesprecher die Journalisten als Partner oder als Feinde?

Die Kunst der Dolmetscher

Die Tür öffnete sich und einer der Dolmetscher kam in den Konferenzraum in Brüssel. Mit den Händen in den Hüften baute er sich vor dem Referenten auf – und schimpfte lautstark auf ihn ein: Was dem Redner denn einfiele, in einer solchen Geschwindigkeit im tiefsten oberbayerischen Dialekt seinen Text abzulesen. Die Szene bei einem Briefing von Journalisten über die Politik der EU ließ alle schmunzeln – mit Ausnahme des Referenten.

Dolmetscher sind oft Schlüsselpersonen beim Einholen von Informationen. Vor allem, wenn jemand für die Auslandsberichterstattung an einen Ort geschickt wird, an dem es „brennt". Dann sind fehlende Sprachkenntnisse ein Handicap. Aber welchen Hintergrund haben Dolmetscher, von denen man abhängig ist? Sind sie „neutral" und übersetzen sie korrekt die Aussagen der Gesprächspartner? Oder sind sie parteiisch? Der Journalist weiß meist nicht, auf wen er da trifft.

„Übersetzungen" sind im Alltag auch in anderer Hinsicht gefragt. Wie funktioniert eigentlich ein Magnetresonanztomograph? Die Fachpresse muss das nicht erklären. Sie hat ein Fachpublikum und unterliegt besonderen Spielregeln. Für Journalisten in Tageszeitungen ist es eine besondere Herausforderung, wenn sie für eine allgemeine Leserschaft verständlich über Technik schreiben sollen. Bei manchen Firmen oder Geschäftsbereichen sind Umsätze von speziellen Produkten abhängig, die man erklären sollte. Ich stieß auf den Magnetresonanztomographen.

Die Abstimmung mit Pressestellen zur Erklärung ist in vielen Fällen ein zäher Prozess. Erfinder des Jahres bei Siemens aus der Region, die ich porträtierte, waren meist kooperativ bei der Suche nach einer „Übersetzung". Einmal ging es um „Subsysteme vom MRT-Scannern in Kapselform". Ich einigte mich mit dem Experten auf einen Vergleich: Es war eine Kapsel, mit der ein Arzt, ähnlich einem ferngesteuerten Mini-U-Boot in einem Aquarium, das Mageninnere inspizieren kann, wenn der Patient sie herunterschluckt – eine Alternative zur unangenehmen konventionellen Magenspiegelung.

Kollegen an einem Messeplatz kann die Berichterstattung über Fachmessen Kopfschmerzen bereiten. Schon die Namen sind manchmal merkwürdig. Eine Leitmesse ist in Nürnberg die SPS IPC Drives für elektrische Automatisierung,

Systeme & Komponenten. Regelmäßig kommen 1400 Aussteller, die Hotels sind während der Messetage ausgebucht, und das ist schon eine Berichterstattung wert. Aber zu erklären, was man dort sieht, ist eine harte Nuss.

Ein Unding sind Kürzel: Zu oft wird vergessen, sie aufzulösen, sprich: zu übersetzen. Auf einer Pressekonferenz schwärmte einmal ein Vorstandschef vom Erfolg, den das Unternehmen mit einer „EWIV" erzielte. Es dauerte einige Zeit, bis ein Kollege unterbrach: „Was, bitte, ist eine EWIV?" Der Vorstandschef war über die Frage erstaunt: Es handelte sich um eine *Europäische Wirtschaftliche Interessenvereinigung* – eine Rechtskonstruktion, die die EU gerade eingeführt hatte.

Im Alltagstrott

Zwischen Knetmasse und Plüsch

Es fehlte nicht viel, und ich hätte eine Allergie gegen Plüschtiere entwickelt. Genau 30 Jahre lang habe ich die Berichte von der traditionellen Neuheitenschau aus Anlass der Nürnberger Spielwarenmesse verfasst. Die Kollegen und Kolleginnen verließen sich darauf, dass ich jedes Jahr Anfang Februar diesen Job übernehmen würde. Nein, Plüsch war nicht mein Ding.

Die Neuheitenschau gilt jedes Jahr als Stunde der Wahrheit für die innovative Kraft und Fantasie in der Spielwarenbranche und lockt die Medien aus aller Welt nach Nürnberg. Doch was konnten die Journalisten jedes Mal als „neu" identifizieren? Die Branche sprach im Durchschnitt von 60.000 Neuheiten im Jahr. Die Frage war stets: Gibt es einen neuen Trend? Die Antwort kann nur spekulativ sein. Erst Monate nach der Messe entscheiden die Konsumenten mit ihren Käufen, wofür sie tatsächlich ihr Geld in die Kassen der Spielwarenläden fließen lassen.

Auf den Messeständen wollen die Firmenvertreter „ihre" Produkte nur im besten Licht erscheinen lassen, und wahrscheinlich sind sie von ihren Produkten persönlich überzeugt. Manche sind ehrlich: „Wir wärmen in Deutschland gerne Themen nach Jahren wieder mal auf", hörte ich einmal das Bekenntnis. Ein Beispiel unter vielen war die kurze Renaissance des Hula-Hoop-Reifens: 1958 kam er als ein wirklicher „Renner" in die Geschäfte, 2001 tauchte er auf der Neuheitenschau zur Überraschung des Publikums noch einmal auf. Das wurde dann doch ein Flop.

Seit 1974 zählt das Spielsystem von Playmobil zu den Klassikern im Kinderzimmer, und es erschloss Spielewelten auf einzigartige Weise. Die ständige Erweiterung des Sortiments an Lego-Bausteinen war ebenfalls ein Phänomen der Spielkultur im 20. Jahrhundert. Mensch-ärgere-Dich-nicht und Monopoly erwiesen sich als Selbstläufer über Generationen hinweg; immer wieder kamen Varianten auf den Markt, die dann als Neuheiten gepriesen wurden.

Der Game Boy kam im achten Jahr meiner Berichterstattung auf den Markt und hielt seinen Siegeszug in vielen Kinderzimmern. Nintendo und Co verloren bald wieder an Bedeutung, als Computerspiele über das Internet zu einem neuen Trend wurden. Gesellschaftsspiele für die ganze Familie gruben ebenfalls den einsamen Zappern das Wasser ab. Sie sind ein Spiegel des Zeitgeistes. Nostalgische Gefühle in Erinnerung an die DDR flammten nach der deutschen Vereinigung als Spielanregung auf, aber das war nur vorübergehend. Umweltthemen wurden „in", ebenso Ausflüge in die Geschichte und in ferne Kulturkreise. Lerneffekte als Ziel von Spielen – die Branche übernahm während meiner Zeit zunehmend eine verdienstvolle Funktion. In diese Kategorie gehörte ein *Memory* mit dem Weltkulturerbe auf Entenfiguren gedruckt.

Ferngesteuerte Flugzeuge hängen regelmäßig an Schnüren von den Deckenbalken einiger Stände herunter, und wie bei den Puppen ist die Spezialisierung auf Elektronik- oder diverse Konstruktionsteile wie Klebstoffe oder Reifen festzustellen. Schiffe sind die Alternative. Dass Panzer unter den fernsteuerbaren Fahrzeugen zu finden sind, habe ich nie verstanden. Albern, aber rasch zum Motiv für die Fotografen avanciert: Ein Flugmodell vom Euro, aus Schaumstoff, als er als Zahlungsmittel in Umlauf kam. Fast senkrecht konnte er zu Boden herabgesteuert werden.

Figuren aus aktuellen Buch-Bestsellern oder TV-Serien waren jedes Mal eine Inspiration für die Spielwarenhersteller. So warb Lukas der Lokomotivführer als Marionette für Holzeisenbahnen. Fußball-Weltmeisterschaften: Sie waren ein Glücksfall für Ideenschmieden, wenn diesen schon sonst nichts einfiel. Natürlich sprangen Spielwarenhersteller auf den Zug von Harry Potter ins Zauberinternat Hogwarts auf. Gerne grüßen ließ die Biene Maja.

Natürlich sind es sehr persönliche Wertvorstellungen, was der Berichterstatter vorstellt. Gut fand ich den „Muthasen" als Maskottchen für die Kampagne *Gib Rassismus keine Chance*, den ich prompt im Bericht von 2001 als Einstieg benutzte. Künstlerpuppen sind ein traditionelles Thema, und einige Aussteller sind auf Augen oder Kleidung spezialisiert. Als Angebot von der Stange tauchten Puppen auf, die mit Hilfe von Sensoren auf Ansprache reagieren und Töne von sich geben können. Barbie trat auf die Bühne, aber mein Typ war sie nicht. Sie bekam ja dann Ken als Partner.

Die Neuheitenschau ist stets eine Bühne für „Promis". Kochsendungen im Fernsehen ließen die Umsätze mit Puppenküchen florieren und die bekannten Fernsehköche gegen Honorar zur Neuheitenschau pilgern. Langbeinige weibliche Models und verkleidete Kinder lassen die Kameras der Fotografen klicken und inszenieren auf diese Weise Firmenwerbung. Aber mussten Robby und

Chico sein? Die zwei ausgewachsenen Seelöwen wurden extra im Wasserbecken auf einem Lkw vom spanischen Benidorm zu einer der Neuheitenschauen nach Nürnberg gekarrt.

Am dichtesten drängt sich das Publikum stets in der Halle mit den Modelleisenbahnen. Fasziniert hat mich persönlich stets der Modellbau – aber wer hat schon die Muße, die Gorch Fock oder Schloss Neuschwanstein aus jeweils 5000 Teilen zusammenzubasteln oder -zukleben? Oder das Castel del Monte in Italien im Maßstab 1:150 aus 9346 Teilen? Journalisten im aktiven Berufsleben haben die Muße eher nicht. Verbittert tobt der Wettstreit der Knetmassenproduzenten und der Malfarbenmischer im Hobbybereich. Einem harten Konkurrenzkampf sind die traditionellen Pinselhersteller ausgesetzt.

Während der Zeit der Spielwarenmesse habe ich jedes Jahr dank der Lauferei durch die Hallen zu diversen Gesprächspartnern locker zwei bis drei Pfund abgenommen. Das war ein durchaus willkommener Nebeneffekt.

Dem „Alten" auf den Fersen

Im Telefonat bestätigte Max Grundig den Deal: Der Philips-Konzern werde die industrielle Führung des Unternehmens übernehmen. Der „Alte" meinte weiter, er werde aber weiterhin selbst für das Alltagsgeschäft verantwortlich bleiben. Das sollte sich als eine Täuschung erweisen. Es gab tatsächlich ein Dokument, in dem Philips dem Firmengründer die Mitsprache beim Produktmanagement zusicherte. Ich bekam später von einem Informanten eine Kopie des Papiers zugespielt und sah: Max Grundig hatte es tatsächlich unterschrieben. Philips auf der anderen Seite aber nicht. So war Max Grundig draußen aus dem Geschäft. Der holländische Konzern hatte ihn aufs Kreuz gelegt.

Ich habe Max Grundig mehrmals interviewt. Beim ersten Interview hätte der „Alte", wie ihn alle bezeichneten, mich fast wieder hinausgeworfen. Das Treffen fand, wie die meisten, im „Allerheiligsten", seinem geräumigen Büro in der obersten Etage des Grundig-Verwaltungsgebäudes in Fürth statt. Eine Tür führte zu privaten Zimmern. In der Schule habe ich einmal Stenographie gelernt, und bei all den vielen Interviews in meiner Berufslaufbahn stets die Antworten in einen Notizblock stenografiert. Das macht die Übertragung in einen Computer leichter, weil man auf einen Blick sieht, was irrelevant war; beim Tonband muss man stets das Band vor- und zurücklaufen lassen. Das kostet Zeit. Trotzdem: Sicher ist sicher, nebenbei noch ein Mikrofon mitzunehmen und ein Band mitlaufen zu lassen. Ohne weiter darüber nachzudenken, schaltete ich nach kurzem Smalltalk auf dem Schreibtisch vor Max Grundig den Sony-Recorder ein.

Das war ein riesiges Fettnäpfchen. Schließlich gehörte damals zum Grundig-Sortiment die Stenorette – ein Diktiergerät aus dem Hause Grundig. Der „Alte" ging in die Luft. Nur langsam beruhigte er sich, als ich ihm eine Notlüge auftischte: Natürlich nutzte die Redaktion normalerweise eine Stenorette bei Interviews, aber ein Kollege hätte das Gerät vor mir für ein anderes Interview weggeschnappt.

Das allerletzte Interview mit Max Grundig, in dem er den Deal mit Philips bestätigte, war telefonisch. Philips hatte eine Pressemitteilung ins Haus geschickt, dass der holländische Konzern die unternehmerische Führung bei Grundig übernehme. Meine Verblüffung war groß. Nur wenige Wochen zuvor hatte ich das bis dahin letzte Interview mit Max Grundig geführt. Ja, die geschäftlichen Verluste hatten überhandgenommen, und Grundig sprach mit Thomson-Brandt über ein Zusammengehen. Das platzte, und die Botschaft des „Alten" war eindeutig gewesen: „Die Grundig-Gruppe ist stark genug, allein zu bleiben."

Natürlich wollte ich Max Grundig über seinen Sinneswandel befragen. Dieser befand sich außer Landes im Urlaub. Ich stieß im persönlichen Umfeld des „Alten" auf einen Informanten, der eingeweiht war: Der Firmenpatriarch befand sich in der Dominikanischen Republik. Ich wusste: Max Grundig war, auch wenn er sich auf Reisen befand, stets mit seinem Sekretariat daheim in Kontakt; er wollte wegen jeder Kleinigkeit um eine Entscheidung gefragt werden. Meine Recherche lief an. Zu jener Zeit war die Dominikanische Republik noch kein Ziel von Massentourismus und die Hotel-Infrastruktur bescheiden.

Es war einfach, herauszubekommen, welche Hotels in dem Land einen Telex-Anschluss hatten. Es gab damals nur rund zwei Dutzend. Also tickerte ich sie alle frech an: „Ist Max Grundig Gast in Ihrem Haus?" Am nächsten Tag kam eine Antwort: „Nein, er hat uns gestern verlassen." Ich hakte nach: „Wohin ist er gereist?" Nochmals eine Antwort: „Zur *Ranch Ramona*." Die stand nicht auf meiner Liste der Hotels, aber schnell fand ich eine Telexnummer heraus. Wieder sonderte ich die alte Frage ab.

Zwei Stunden später klingelte das Telefon auf meinem Schreibtisch. Der Grundig-Pressesprecher, „Charly" Schmidt, war in der Leitung: „Wie haben Sie denn den Alten gefunden? Er ist bereit, mit Ihnen zu sprechen. Wenn Sie in einer halben Stunde bei mir im Büro sind, können Sie mit ihm telefonieren."

So geschah es. Dem Vernehmen nach wurde der Angestellte des Hotels in der Dominikanischen Republik, der mir den Tipp mit der *Ranch Ramona* gegeben hatte, fristlos entlassen.

Ich habe nicht gezählt, wie viele Beiträge ich in den folgenden Jahren zum Fall der Firma Grundig schrieb. Es ging um viele Arbeitsplätze. Das Erbe Max Grundigs war ein Verlust von 286 Millionen DM in der Jahresbilanz, die am 31. März 1984 abschloss. Im Jahresvergleich war die Beschäftigtenzahl bereits um 13,5 Prozent auf 24.114 Mitarbeiter gesunken. Hermanus Koning, der erste von Philips entsandte Vorstandsvorsitzende, schaffte mit Hilfe eines weiteren Stellenabbaus die Rückkehr in die Gewinnzone. Dabei half der Abschluss eines „Beschäftigungsplans" mit der IG Metall unter ihrem 1. Bevollmächtigten Gerd Lobodda in Nürnberg. Unter Konings Nachfolger, Johan van Tilburg, rutsche die

Firma 1991/92 erneut in die Verlustzone. Es folgten die Philips-Manager Pieter Harmsen und Pieter van der Wal. Im Kommentar bezeichnete ich ihn wegen der Entlassungen, die er anordnete, als Killer-Wal. Danach saß Pieter de Jong auf dem Chefsessel.

Als dieser antrat, war die Belegschaftszahl von 24.114 auf gerade 5000 geschmolzen. 1997 kündigte Philips seinen kompletten Rückzug an. In einem Zwischenspiel trat der Antennen-Unternehmer Anton Kathrein aus Rosenheim auf. Es war ein schleichender Vorgang, aber das Aus für die Fertigung von Unterhaltungselektronik in Nürnberg war nicht aufzuhalten. Am 1. Juli 2003 wurde das Insolvenzverfahren eröffnet. Die Fertigung von Fernsehgeräten der Marke Grundig wurde in die Türkei verlagert.

An dieser Stelle sei der Hinweis gegeben, dass sich die Arbeit in den Redaktionen zum Teil sehr verändert hat. Weil die Zahl der Stellen weniger geworden ist, ist es nicht mehr selbstverständlich, dass ein Kollege für ein bestimmtes Thema – wie in diesem Fall für ein bestimmtes Unternehmen – zuständig ist. Heute nimmt sich des Themas an, wer gerade Dienst hat. Da bleiben persönliche Kontakte, Informationen und Hintergrundwissen auf der Strecke. Die Zeit, um ins Archiv zu gehen, haben viele Kollegen und Kolleginnen gleich gar nicht mehr.

Frischer Kloß um 3 Uhr in der Nacht

Im Siemens-Gerätewerk in Erlangen traf ich zwei Arbeiter, die nach der Nachtschicht, also nach 6 Uhr früh, erst einmal ihrem Hobby frönten, bevor sie sich zum Frühstück begaben – nämlich angeln gehen. „Am Morgen beißen die Fische am besten", war die Erklärung.

Reportagen aus der Arbeitswelt sind in der Wirtschaftsberichterstattung ein Kontrapunkt zum Zahlensalat von Bilanzen. Ob ein Besuch im Großmarkt oder am Fließband bei den Arbeitern, die Lkw-Motoren montieren – Geschichten über die Menschen führen zur Basis von Wirtschaft. Eine Artikelserie über Nachtarbeit hat mir besonderen Spaß bereitet. Nach der letzten Statistik liegt der Anteil der Nachtarbeiter an allen Erwerbstätigen in Deutschland bei rund acht Prozent. Das ist also schon ein Thema.

Für die einzelnen Artikel traf ich die Auswahl. Im nächsten Schritt musste ich „Mitspieler" finden. Der Apotheker im Nachtdienst war einst mein Mitschüler im Gymnasium gewesen. Ihn musste ich nicht lange überreden. Schwieriger war es, die Erlaubnis der Flughafenleitung zum Besuch des Rollfeldes zu bekommen. Ich brauchte einen Begleiter von der Pressestelle. Ich sah und berichtete: Schwer zupacken müssen die Arbeiter am Cargo-Center des Flughafens, wenn sie in der Nacht tonnenschwere Fracht in die Luken der Maschine laden; den Kollegen, die die Sendungen vor dem Radargerät durchleuchten, und den Fluglotsen im Tower verlangt der Dienst höchste Konzentration ab.

Zwischen noblem Südsee-Ambiente und frischem fränkischem Kloß bis 3 Uhr in der Nacht wechselte der Streifzug durch die nächtlichen Gastronomiebetriebe Nürnbergs. Der Duft war verführerisch. „Oft muss ich Seelsorger spielen, für manche Gäste ist das Gespräch in der Nacht wie eines im Beichtstuhl", gestand mir der Mann hinter dem Tresen des Lokals, in dem es bis 2 Uhr Dampfnudeln gab.

Gut zu wissen war, wie es ab 22.30 Uhr im Betriebshof der Zeitungsdruckerei zugeht, wo die gedruckten Zeitungen verladen werden. Ohne die Kollegen dort erreicht kein Leitartikel und kein noch so gut recherchierter Artikel die Leser und Leserinnen. Kolonnen von Fahrzeugen bringen die Zeitungen dann an Ablagepunkte. Eine Zeitungsausträgerin habe ich ebenfalls begleitet. Im Gegensatz zum Sauwetter in der Nacht davor war an jenem Tag zum Glück für mich ein klarer Sternenhimmel. „Regen ist unangenehm, Schnee ist halb so schlimm“, meinte die Austrägerin.

Dem Berichterstatter muss klar sein, dass er bei solchen Reportagen nur oberflächliche Beobachtungen machen kann ist. Es ist ein Unterschied, ob man mal für zwei Stunden „hineinriecht“ oder Tag für Tag dem gleichen Alltagstrott ausgesetzt ist. Reportagen können stets nur Momentaufnahmen sein. Dem Leser sollte auch bewusst sein, dass kein Artikel die Realität vollständig wiedergibt.

Göi ham und geich dei Alte

„Göi ham und geich dei Alte." Ist diese Aufforderung nach Oberpfälzer Sprachverständnis eine Beleidigung oder nicht? Die Frage beschäftigte das Amtsgericht in Neumarkt in der Oberpfalz und danach die Berufungsinstanz – ein Termin, den ich für die Lokalredaktion wahrnahm.

Streit hatte es beim Kegeln gegeben. Man hatte zwei Mannschaften gebildet, zwei Mann kegelten gegen zwei andere, und ganz nach der Natur der Sache gewann das eine Paar. Unter den zwei Verlierern stank es insbesondere dem einen, dass er nicht gewonnen hatte, und er wurde deswegen gehänselt. Schließlich ließ er seine Wut an seinem Partner aus, indem er dessen schlechte Spielkunst für die schlechte Platzierung verantwortlich machte.

Der Partner konterte mit dem besagten Satz. Dafür bekam er ein Bierglas auf den Kopf. Pech im vorliegenden Fall: Das Glas zersplitterte und verletzte ein Auge. Die erste Instanz entschied auf sechs Monate Freiheitsstrafe auf Bewährung wegen schwerer Körperverletzung.

Doch der Verurteilte ging in Berufung – wollte die Umwandlung von einer Freiheits- in eine Geldstrafe erwirken. Ein Sprachexperte wurde als Gutachter herbeigezogen, um zu klären, ob der Spruch eine Provokation gewesen sei oder quasi Kulturgut. Das Berufungsgericht bestätigte die Provokation und die Freiheitsstrafe auf Bewährung.

Nicht erst Fälle wie die des Gustl Mollath, der bundesweit Aufsehen erweckte, lässt manchmal Zweifel an der Justiz aufkommen. Der beschriebene Fall aus Neumarkt war für Beobachter des Verfahrens amüsant, andere Verfahren sind es nicht. Drei Tage dauerte ein Mordprozess, über den ich berichtete. Der Hergang: Ein Mann hatte einen anderen mit einem schweren Hammer erschlagen. Die Indizien ließen keinen Zweifel zu. Der Täter behauptete aber, sich an nichts erinnern zu können, weder an den Anlass des offenkundigen Streits, noch an den Ablauf. Kein Wunder eigentlich: Er hatte zwischen drei und vier Promille Alkohol im Blut. Der Staatsanwalt plädierte auf heimtückischen Mord, der Verteidiger auf Totschlag im Affekt. Handschuhe des Täters, die man gefunden hatte, spielten eine entscheidende Rolle.

Zu jener Zeit waren die kriminaltechnischen Methoden noch nicht so weit fortgeschritten wie heute, und die Fingerabdrücke gaben keinen Aufschluss.

Also musste ein Gutachter her. Blutspuren befanden sich auf einem der beiden Handschuhe. Waren sie von einem geschlachteten Tier oder menschlich – vom Opfer? Im letzteren Fall, so die Argumentation des Staatsanwalts, hatte der Täter die Handschuhe bewusst angezogen und es sei Mord gewesen. Der Gutachter war sich nicht zu 100 Prozent sicher, hielt aber Letzteres für wahrscheinlicher. Der Richter verurteilte den Täter zu lebenslanger Haft.

Gänzlich unverständlich empfand ich den Fall eines Autofahrers, der in der Nacht unter Alkoholeinfluss mit 70 Stundenkilometern durch ein Dorf fuhr und einem Radfahrer die Vorfahrt nahm. Der Mann flog zehn Meter weit in den Straßengraben und wurde am Kopf verletzt. Zwei Jahre lang wanderte der Fall in den 1980er Jahren durch die Instanzen und die Mühlen der Gutachter. Das abschließende Gutachten enthielt die These: Die überhöhte Geschwindigkeit des Autofahrers rettete wohl dem Radfahrer das Leben. Denn wenn das Fahrzeug langsamer gefahren wäre, hätte es den Radfahrer wohl nicht so weit geschleudert und dieser wäre mit dem Kopf wahrscheinlich auf dem Teer und nicht auf Gras gelandet. Das kam ihm zugute, er hätte tot sein können. Der Autofahrer, dem nach dem Unfall der Führerschein abgenommen worden war, bekam diesen am Ende der Berufungsverhandlung wieder ausgehändigt.

Jagd nach Hidden Champions

Die Wirtschaftsteile der Zeitungen sind voll von Berichten über die börsennotierten Unternehmen. Das ist einfach, denn die Presseabteilungen schütten Füllhörner an Mitteilungen aus. Natürlich sind sie mit rosa Tinte geschrieben und kritisch zu bewerten. Manchen mittelständischen Unternehmern muss man dagegen hinterherjagen, und manchmal viel Überzeugungskraft aufwenden, damit sie einem Redakteur die Tür öffnen. Dabei ist der Mittelstand das Rückgrat der Wirtschaft. Eigner von mittleren Betrieben denken längerfristig. Sie sind näher dran an den Menschen, die für die Arbeit Lohn und Gehalt beziehen. Ihre Verantwortung für diese Menschen betonen mittelständische Unternehmer immer wieder, während in den Köpfen von Managern börsennotierter Konzerne die Verantwortung gegenüber den Shareholdern Vorrang genießt.

„Hidden Champions" aus dem Mittelstand im Verbreitungsgebiet aufzuspüren, war stets mein Ehrgeiz und gehörte zu meinem Alltag. Manche sind Weltmarktführer, sich aber ihrer Rolle gar nicht bewusst – vor allem, wenn es sich um spezialisierte Zulieferer der Großindustrie handelt. Wenn solche Firmen im Ausland tätig sind, ist das ein guter Aufhänger. Reportagen darüber sind ein Lesestoff in Regionalzeitungen, der gut ankommt. Dazu muss man vor Ort reisen. Das Problem: Die Verlage bezahlen solche Fahrten nicht. Faber-Castell mit seiner Zentrale in Stein bei Nürnberg lud zu einer solchen Reise ein, um den Augenschein zu ermöglichen. Also gab es kein Zögern: Auf zum Fabrikbesuch im Dschungel Brasiliens!

Der Flug führte nach San Carlos, dem Standort der „größten Bleistiftfabrik der Welt", die eben zu Faber-Castell dort gehörte. 2.800 Männer und Frauen standen zu jener Zeit auf der Gehaltsliste des Betriebes. Der Bogen reichte von Waldarbeitern über die Frauen an den Maschinen bis hin zu jenen Arbeitern, die im Jahr 1,5 Milliarden holzgefasste Stifte verpackten. Beeindruckend: Der Abstecher zum Wiederaufforstungsprojekt des Unternehmens, rund 600 km von der Atlantikküste entfernt. Experten von der Universität priesen das laufende Naturschutzprojekt. Sie berichteten von 15 verschiedenen Vögeln und 33 anderen Tierarten – von Ameisenbären bis Savannenwölfen – die in diesem Gebiet beheimatet seien. Antonio Dias, der Boss der Gewerkschaft vor Ort, war voll des Lobes.

Auch auf der Honorarliste des Unternehmens aus Franken: Damals 19 Lehrer, die den Beschäftigten und ihren Familienangehörigen Weiterbildungskurse anboten – wie Sprach- und Computerkurse oder zur Vorbereitung auf Schulabschlüsse.

Wenn ein Unternehmen Best Practice betreibt, dann soll man das ruhig darstellen dürfen.

Besuch bei Heinz Nixdorf

In Franken trinkt man kein Kölsch, da hat man seine Halbe und behält den Überblick. In Franken bestellt man sein Bier, und manchmal muss man allzu lange warten, bis es gebracht wird. Man ist es nicht gewohnt, dass einem die Bedienung ständig ein neues Reagenzglas mit Schaum drauf vor die Nase stellt. Als Franke auf Reisen kann man leicht die Kontrolle über die Striche verlieren, die auf dem Bierdeckel die Zahl der Reagenzgläser festhalten.

Der Termin in der Firmenzentrale in Paderborn zum Interview mit Heinz Nixdorf war wenige Tage vor der Computermesse CeBIT in Hannover angesetzt. Am Abend zuvor hatte mich der Pressesprecher des Unternehmens noch in eine Kölsch-Kneipe eingeladen. Am nächsten Morgen sollte ich abgeholt werden. Ich wachte auf, als jemand heftig an meine Hotelzimmertür pochte. Es war eine halbe Stunde vor dem anberaumten Gesprächstermin. Der Spiegel an Restalkohol machte es mir ziemlich schwer, aufzustehen. Irgendwie schleppte mich der abholende Firmenmitarbeiter zu seinem Chef: Heinz Nixdorf.

Während des Interviews war mir ziemlich schlecht. Fragen zu stellen sah ich mich außerstande. Ich brauchte aber keine stellen. Ich erinnere mich an Heinz Nixdorf als einen sehr energischen Mann, der ohnehin jedes Gespräch dominierte. Er redete eine Dreiviertelstunde lang, den Rest besorgte das Mikrofon des Kassettenrecorders. Das Interview, das ich daraus strickte, wurde prompt von der Pressestelle autorisiert.

Ich war wohl der letzte, der ein Interview mit Heinz Nixdorf führte. Er war ein echter Branchenpionier gewesen: 1952 hatte Nixdorf als 27-jähriger Student, ohne viel Geld, seine erste Computerfirma gegründet. Daraus wurde die Nixdorf AG – ein weltweit tätiger Elektronikkonzern mit knapp vier Milliarden DM Umsatz. Heinz Nixdorf starb wenige Tage nach meinem Interview, während der Computermesse 1986, an einem Herzinfarkt. Ich nahm mir den Vorsatz, am Abend vor einem Interview nie mehr als zwei Halbe zu trinken, und niemals Kölsch.

Es ist mir unmöglich, die Liste der Interviews zu rekonstruieren, die ich mit führenden Wirtschaftsmanagern führen konnte. In manchen Fällen war das eine schwierige Aufgabe. Johan van Tilburg beispielsweise, 1987 vom Aufsichtsrat als Nachfolger von Hermanus Koning zum Vorstandsvorsitzenden von Grundig bestellt, brachte keinen einzigen Satz ordentlich zu Ende. Ein sympathischer Mann, damals 53 Jahre alt, gab er sich freundlich und kooperativ mit dem Berichterstatter. Allerdings sprach Tilburg als gebürtiger Holländer nicht besonders gut deutsch. Zurück in der Redaktion, versuchte ich meine stenographischen Notizen und die Tonbandaufnahmen auszuwerten und in ein Interview zu gießen. Die Antworten ergaben keinen rechten Sinn. Es blieb mir nichts anderes übrig: Ich versetzte mich in die Rolle des Vorstandschefs und formulierte selber Antworten, die mir logisch zu sein schienen. Ich schickte dem Pressechef den Text zur Autorisierung. Er änderte nichts daran und lobte mich für die authentische Wiedergabe.

Heute ist die Autorisierung eines Interviews nicht mehr zwingend. Das hat sich noch nicht bei allen Personen, die befragt werden, herumgesprochen. Der Pressekodex vom Deutschen Presserat besagt: „Ein Wortlautinterview ist auf jeden Fall journalistisch korrekt, wenn es das Gesagte richtig wiedergibt. Wird ein Interview ganz oder in wesentlichen Teilen im Wortlaut zitiert, so muss die Quelle angegeben werden. Wird der wesentliche Inhalt der geäußerten Gedanken mit eigenen Worten wiedergegeben, entspricht eine Quellenangabe journalistischem Anstand." Wird dennoch um Autorisierung gebeten, so kann es dem Verhältnis und der Vertrauensbasis zwischen dem Journalisten und dem Pressesprecher beziehungsweise Ansprechpartner nur von Nutzen sein, darauf einzugehen – vor allem, wenn es um detaillierte Zahlen und fachspezifische Erklärungen geht.

Ein Anruf von Renate

„Hallo. Hier ist die Renate."

Der Anruf riss mich aus Überlegungen zu einem Kommentar. Ich fühlte mich gehetzt, wurde nun gestört. Die Stimme kam mir fremd vor. „Äh ... welche Renate?"

„Wir haben uns doch letzte Woche bei der Konferenz der Atomkraftbefürworter in Kopenhagen getroffen."

„Nee, bestimmt nicht. Ich war nicht in Kopenhagen. Das ist ein Irrtum."

„Aha: Noch ein Grüner in einer Wirtschaftsredaktion!" Aufgelegt. Ich kam nicht dazu, zu erklären, dass ich einfach nicht in Kopenhagen war.

Es war zu Zeiten, als sich die Diskussion um Atomkraft zuspitzte. Ich weiß nicht, auf welche Liste ich nach diesem Anruf kam. Das ist auch egal. Heute ist die Zuordnung überholt, es besteht parteiübergreifend viel Konsens über die Zukunft der Energiegewinnung. Die Atomkraft ist eine Übergangstechnologie, so wie die Rohrpost oder das Telex bei der Nachrichtenübermittlung oder das Hochrad als Verkehrsmittel.

Was geblieben ist, sind Vorurteile über Journalisten.

Zwischen Erfolg und Frust

Schmiergeld kommt ans Licht

Es war der Nebensatz eines Betriebsrats von der IG Metall, der mich elektrisierte. Ich hatte ihn angerufen, weil ich von einem Stellenabbau an einem Standort gehört hatte. Bei dem Telefonat sagte der Betriebsrat eher beiläufig: „Die Polizei war auf unserem Gelände und hat Papiere mitgenommen." Die Antwort auf meine weitere Nachfrage blieb vage. Ja, im Betriebsratsbüro seien sie gewesen. Der Satz war der Auslöser für ausgiebigere Recherchen. Der Fall sollte bundesweit für einiges Aufsehen sorgen.

Die Korruptionsgeschichte von Siemens habe ich als einer der ersten Journalisten ins Rollen gebracht. Man muss als Journalist zuhören, genau hinsehen. Ich schaltete sofort und rief den Justizpressesprecher vor Ort an – erfolgreich. Nach seiner Auskunft handelte es sich um ein „umfangreiches Ermittlungsverfahren". In der überwiegenden Mehrzahl der Fälle sei es um Durchsuchungen bei nicht verdächtigen Personen gegangen.

Weitere Informationen, die ich einholte, ergaben: Unterlagen der Arbeitsgemeinschaft Unabhängiger Betriebsangehöriger (AUB), die ihre Bundeszentrale in Nürnberg hat, waren in die Untersuchung einbezogen. Jetzt konnte auch die Pressestelle in der Siemens-Zentrale nicht länger schweigen: Es gehe „um den Verdacht, dass es zu Zahlungen ohne den Nachweis einer konkreten Gegenleistung an einen Vertragspartner gekommen ist." In diesem Zusammenhang werde unter anderem untersucht, ob eine Verletzung von Steuervorschriften gegeben sei.

Der Vorsitzende der AUB wurde am Ende, im November 2008, nach einem mehrwöchigen Prozess zu vier Jahren und sechs Monaten Haft verurteilt. Das Gericht kam zu der Auffassung, dass dieser im Siemens-Auftrag mit verdeckten Millionenzahlungen mit der AUB eine Gegengewerkschaft zur IG Metall aufzubauen versuchte.

Es war ein zentraler Baustein in der sogenannten Siemens-Schmiergeldaffäre. Publizistisch waren meine Beiträge in den *Nürnberger Nachrichten* der Medienkonkurrenz stets eine Nasenlänge voraus. Sie gingen dann an die Nachrichtenagenturen, und andere Zeitungen stiegen in den Fall ein.

Im Dezember 2006 forderte ich per Leitartikel den Rücktritt Heinrich von Pierers, der von der Vorstandsspitze in den Aufsichtsrat gewechselt war und meinte, von dieser Position aus die Aufklärung der Vorwürfe organisieren zu können. Er rief mich am folgenden Tag auf meinem Handy an – woher immer er die Nummer bekommen haben mag. Ich hörte von von Pierer keine Vorwürfe, nur Erklärungsversuche. Zurückgetreten ist er dann im April 2007. Ich habe von Pierer nach seinem Ausscheiden noch drei Mal in einem Café getroffen. Ich erlebte ihn verbittert, aber nicht nachtragend. Es waren eigentlich stets angenehme Begegnungen mit ihm.

Von Pierer war einer der interessantesten Manager, die ich kennenlernte. An sein Format kamen die Nachfolger Kleinfeld und Löscher nie heran. Er war wahrlich „Mister Siemens" gewesen. Löscher versuchte beim ersten Interview, das ich mit ihm führte, seine Verbundenheit mit dem Unternehmen klarzustellen – mit dem Hinweis, dass er in seiner österreichischen Heimatstadt Villach in der Nähe einer Siemens-Fabrik aufgewachsen war. Eine Bildunterschrift lautete: „Peter Löscher ist der neue Mister Siemens. Aber wie für seine Vorgänger Klaus Kleinfeld und Heinrich von Pierer ist für ihn der Vorrang der Rendite der gleiche."

Neue, strenge Compliance-Regeln führten zu einem anderen Umgang mit Journalisten. Bezahlte Reisen und Einladungen zu Hintergrundgesprächen mit einem Essen auf Firmenkosten fielen nicht nur bei Siemens weg. Ich fühlte mich durch solche nie beeinflusst – wie meine Rücktrittsforderung an von Pierer zeigen dürfte. Aber die neuen Tabus führen zur Frage: Lassen sich Journalisten schmieren? Es mag schwarze Schafe geben, wie in jedem Berufsstand, aber sie sind eine Ausnahme. Zu ihnen gehört wohl der langjährige FAZ-Journalist Udo Ulfkotte, der sein eigenes Tun in einem Buch mit dem reißerischen Titel *Gekaufte Journalisten* dokumentierte und an dem Bestseller vermutlich gut verdiente. Er schrieb von „Alpha-Journalisten", die in Spinnennetze von Einflussgruppen eingewoben seien. Journalisten in Regional- oder Lokalzeitungen unter dem Druck der Arbeitsbedingungen und der alltäglichen Hektik kann nur die Wut über einen solchen „Kollegen" ergreifen, der den ganzen Berufsstand in Verruf bringt.

Nicht einschüchtern lassen

Es ist ein merkwürdiges Gefühl, bei der ersten Morddrohung. Eine Baufirma war zusammengebrochen und ins Fadenkreuz der Staatsanwaltschaft geraten. Das Geld, das die Bauherren in spe gezahlt hatten, war verschwunden. In der Region verteilt standen die Baustellen mit unfertigen Häusern. Die Justizpressestelle bestätigte den Verdacht gegen die Hintermänner, „planmäßig durch Urkundenfälschungen Bauherrengelder, die der Baufirma zustanden, an das Unternehmen einer der mitbeschuldigten Personen umgeleitet und dadurch veruntreut zu haben." Der Hauptbeschuldigte hatte zuvor schon in Norddeutschland eine Pleite hingelegt, durch die 120 private Bauherren um Haus oder Geld gebracht worden waren. Wegen einer Krankheit hatte ihm ein Arzt Haftunfähigkeit attestiert.

Der Mann hatte familiäre Verbindungen zur Zuhälterszene. Die Kontaktaufnahme war schwierig, aber sie gelang: Zwei Prostituierte kamen tatsächlich in die Redaktion und lieferten interessante Hintergrundinformationen. Danach kam dann der Anruf: Wenn ich nicht aufhören würde, herumzuschnüffeln, würde ich gar keine Artikel mehr schreiben können. Aber ich ließ mich nicht einschüchtern.

Der zweite Fall ereignete sich 1996. Die bayerische Staatsregierung verteilte Fördermittel auf die Regierungsbezirke, und 70 Millionen DM sollten für „Leitprojekte" in die Nürnberger Region fließen. 66 Antragsteller aus der Region meldeten sich, um Innovationen gefördert zu bekommen. Plötzlich aber stand, vom Wirtschaftsministerium in München aus dem Hut gezaubert, eine in der Region bislang unbekannte Firma auf der Liste – mit einem Antrag auf zehn Millionen DM für ein Bauprojekt, also für Beton. Ich begann zu recherchieren – in München und Leipzig –, und ich beschrieb einige Merkwürdigkeiten bei anderen Projekten der Firma. Die kolportierte Verbindung zu Scientology erwähnte ich nicht, sie war nicht wirklich verifizierbar. Und wieder erreichte mich vor dem Abdruck des Artikels ein Anruf der genannten Art. Der Artikel erschien natürlich, und noch am selben Tag strich das Wirtschaftsministerium dieses Projekt von der Förderliste. Wieder ein Erfolg.

Zum Arbeitsprofil des Journalisten gehören Konflikte: Mit jenen, über die man schreibt und die sich wundern, wenn auch die Gegenseite befragt wird, ebenso wie mit denen, deren Pressemitteilungen man nicht aufgreift. Es kann Konflikte mit der Anzeigenabteilung geben, die keine Kritik an ihren Kunden zulassen will, oder mit dem Verleger, dem Chefredakteur. Das ist aber alles nichts im Vergleich zu den Konflikten mit staatlichen Behörden von autoritären Regimen. In nicht wenigen Ländern bezahlen Journalisten und Journalistinnen kritische Arbeit mit dem Leben. Mehr als 100 Namen stehen Jahr für Jahr auf der Liste der Getöteten der Internationalen Journalisten-Föderation (IJF) und von *Reporter ohne Grenzen*. Lang ist die Liste der Verhaftungen von Journalisten und Journalistinnen. Eine noch größere Zahl ist ständig einer Gefährdung ausgesetzt.

Ndey war Präsidentin der Journalistengewerkschaft in Gambia gewesen und ein solcher Fall. Wer weiß schon, dass es sich in dem westafrikanischen Land um eine knallharte Diktatur handelt? Ndey war eine kritische Journalistin und wurde dem politischen Establishment in ihrem Heimatland zu unbequem. Der Präsident des Landes ließ sie zu sich bringen und bot ihr den Posten der Informationsministerin an, um sie mundtot zu machen. Aber Ndey lehnte ab. Sie musste aus dem Land fliehen, landete in Mali. Getroffen habe ich sie in Nigerias Hauptstadt Abuja als Teilnehmerin eines von der Friedrich-Ebert-Stiftung (FES) für die IJF ausgerichteten Workshops für Journalisten aus Afrika.

In einer Kaffeepause bekam Ndey eine SMS: Zuhause, in Gambia, war sie wegen Hochverrats angeklagt worden. Das bedeutet im Zweifelsfall die Todesstrafe. Ich informierte den Landesvertreter der FES in Nigeria. Dieser organisierte am nächsten Vormittag einen runden Tisch zur Besprechung. Ndey konnte zunächst auch nach Mali nicht zurück – sie fürchtete, von Häschern des Regimes in Gambia entführt zu werden. Die FES bot ihr unbegrenzten Aufenthalt auf ihrem Gelände in Nigeria an, die Konrad-Adenauer-Stiftung einen Job im südlichen Afrika, und der Vertreter der deutschen Botschaft ein Schengen-Visum. Da saß nun die zierliche Gambierin an einem Ende des Tisches und sagte: „Was soll ich dort? Mein Engagement ist in Westafrika. Das ist mein Leben." Noch heute erfüllt mich die Erinnerung an diese Szene mit Respekt vor Ndey. Sie blieb eine Weile in Abuja, bevor sie nach Mali zurückkehrte. Dank meiner Funktion konnte ich mich dafür einsetzen, dass die IJF dort ein Jahr lang einen Bodyguard für Ndey bezahlte.

Das Südstadt-Desaster

„Müss mer etz die Trikolore hissen?", fragte ein Arbeiter. Die Stimmung auf der Betriebsversammlung war von allgemeiner Verunsicherung geprägt – wie meistens, wenn ein Besitzerwechsel in der Wirtschaft ansteht. Dass Medienvertreter mit Betroffenen auf Betriebsversammlungen sprechen können, ist aber eine Ausnahme. Ich durfte Zeuge sein, wie das Management den Verkauf des bisherigen Betriebs der VDM Vereinigte Deutsche Metallwerke in Nürnberg an die französische Firma Cebal erläuterte. Die Firma war auf die Herstellung von Aluminiumtuben und -dosen spezialisiert.

Wirtschaft ist ständig im Wandel, und dieser ist schleichend. Man nennt das Strukturwandel, und oft liegt eine Ursache in Grenzen, die ein Markt erreicht hat – weil die Produkte nicht mehr zeitgemäß sind oder die Konkurrenz zu stark geworden ist. Versäumnisse des Managements, sich den Veränderungen anzupassen, kommen häufig hinzu. So verschwinden ganze Branchen oder wandeln sich drastisch, während neue entstehen. Darüber zu berichten, ändert nichts an der Sache. Berichterstattung über Kommunalpolitik kann den Gang der Dinge beeinflussen, denn Kommunalpolitiker wollen wiedergewählt werden und beugen sich der öffentlichen Meinung. Wirtschaftsberichterstattung dagegen kann nur dokumentieren: Je größer das Unternehmen ist, desto weniger sind die entsandten Standortchefs mit einer Stadt oder einer Region verbunden, und Maßstab für die Entscheidungen ganz oben, oft an weit entfernten Orten, ist im Zweifelsfall der Shareholder-Value.

Über den Strukturwandel im Ruhrgebiet ist viel geschrieben worden, der Wandel in Nordbayerns Metropole Nürnberg stieß über die Region hinaus auf weniger Aufmerksamkeit. Mit einem Kahlschlag an Arbeitsplätzen bei ABB, ADtranz, Alstom und Cebal in der Nürnberger Südstadt verband sich der Begriff „Südstadt-Desaster". Erster Dominostein war eine Dampfturbinenfabrik von AEG Kanis. Schon 1979 versammelten sich die Beschäftigten zum Protest gegen geplante Stellenstreichungen. Der Höhepunkt der Auseinandersetzung fiel in den Herbst 1987 und ins erste Halbjahr 1988. Im September jenes Jahres verzichtete die AEG-Konzernleitung auf die Schließung. Einen Monat später wurde das Dampfturbinenwerk an die Mannheimer Asea Brown Boveri AG (ABB) übertragen. Es hieß jetzt ABB Turbinen Nürnberg GmbH. Es folgte der Fall Cebal. Es dauerte bis Mitte Oktober 1999, bis die Belegschaft über die Schließung des Betriebs informiert wurde.

Dem weiteren Desaster in der Nürnberger Südstadt-Industrie ging 1986 die Aufspaltung der MAN in ein Fahrzeug- und ein Turbinenbau-Unternehmen voraus. Die Unternehmenszweige wurden zum Spielball internationaler Konkurrenten. Die Schienenfahrzeug-Tochter der AEG übernahm MAN-Teile. Straßenbahnen und Züge wurden jetzt gefertigt. Den nächsten Einschnitt brachte die Übernahme der AEG durch Daimler. Das Werk gelangte unter das Dach der Firma ADtranz, die Daimler zusammen mit ABB gründete. Statt der erhofften Blüte durch Lieferungen von Wagenkasten und Drehgestellen für den ICE kam die Demontage: Im Januar 1997 kündigte die Geschäftsführung die Verlagerung der Drehgestelle nach Siegen an. Im nächsten Schritt wurde die Fertigung von Wagenkästen gestrichen, um Auslastungsprobleme in Hennigsdorf bei Berlin zu beheben. Mitte November 1999 musste ich die Schlagzeile formulieren: „Aus für ADtranz: Werk Nürnberg mit 820 Beschäftigten schließt."

Die Meldung von ADtranz erschien an einem Freitag. Schon am darauffolgenden Dienstag folgte der nächste Schlag. „Auch Energie-Riese ABB Alstom macht in Nürnberg Werke dicht", stand diesmal auf der Titelseite der Zeitung. 880 Arbeitsplätze aus ursprünglich zwei Betrieben sollten hier dem Rotstift zum Opfer fallen. Der eine: der Turbinenbau der MAN, aus dem 1988 die MAN Energie GmbH entstanden war. Als Miteigentümer stieg hier die britisch-französische GEC Alsthom mit zunächst 45 Prozent ein. 1995 wurde der französische Konzern zum alleinigen Besitzer. Im März 1999 wurde die zuvor in Alstom Energie GmbH umbenannte Gesellschaft mit der schwedisch-schweizerischen ABB in ein Gemeinschaftsunternehmen ABB Alstom Power eingebracht. Die ABB Turbinen Nürnberg GmbH gelangte als zweiter Betrieb unter das große neue Dach. Es war nun ebenfalls betroffen. Die IG Metall machte mobil und rief im November 1999 zur Bildung einer Menschenkette zwischen den Firmen Cebal, ADtranz, ABB und Alstom auf. Das konnte das Aus für die meisten der Arbeitsplätze nicht verhindern.

Ähnlich war das Schicksal der AEG Hausgeräte in Nürnberg. Alle Berichte und Kommentare änderten nichts daran, dass der Betrieb dichtmachte. 1922 war die Firma gegründet worden, 1994 übernahm der schwedische Electrolux-Konzern die AEG Hausgeräte GmbH in Nürnberg. 1997 wurde die Streichung von 1500 der bundesweit 8500 Stellen angekündigt. 2003 wurden noch mehr als 1,8 Millionen Waschmaschinen, Geschirrspüler und Trockner in nur einem Jahr gefertigt. Im Februar 2005 hieß es aus der Electrolux-Zentrale in Stockholm: Europaweit sollen elf von 17 Fabriken geschlossen werden. Am 12. Dezember jenes Jahres wurde die Schließung der Fabrik in Nürnberg verkündet. Im März 2007 rollte hier die letzte Waschmaschine vom Band.

Im Verlauf der Berichterstattung über die Jahre hinweg begegnete ich vielen engagierten Menschen, die den Gang solcher Dinge aufhalten wollten. Die Zeitung unterstützte ihre Anliegen – weil wir das Interesse der Region und der beschäftigten Menschen sahen. Geändert hat das am Wandel wenig.

Audienz beim Patriarchen

Am spannendsten war die Erzählung meines Gesprächspartners, wie er von der RAF aufs Korn genommen worden war. Am 4. Mai 1979 war in Nürnberg von der Polizei eine Wohnung im Haus Stephanstraße 40 gestürmt worden. Elisabeth von Dyck wehrte sich der Festnahme und wurde erschossen. Die Wohnung lag quer gegenüber dem Büro im ersten Stock der Verwaltungszentrale von Diehl, von dem aus Karl Diehl den Konzern lenkte. Ein Gewehr mit Zielrohr sei bereits am Fenster gegenüber auf ihn gerichtet gewesen, berichtete mir also Karl Diehl während eines Interviewtermins.

Journalisten können nicht einfach alle Personen treffen, die sie befragen möchten. Je höher in der Hierarchie von Politik oder Wirtschaft jemand steht, desto mehr wird er oder sie abgeschirmt. Sekretariate und Pressestellen sind oft ein unüberwindbares Hindernis des Zugangs. Es braucht Zeit, die Hürde zu überwinden. Meines Wissens bekam ich über die Jahrzehnte hinweg als einziger Journalist einen Interviewtermin mit Karl Diehl. Karl Diehl zählte zusammen mit Gustav Schickedanz und Max Grundig zu den Prototypen fränkischen Unternehmertums nach dem Zweiten Weltkrieg. Er war jedoch äußerst öffentlichkeitsscheu, wollte mit den Medien nichts zu tun haben. Der Name Diehl polarisierte: Die Medien verbanden mit ihm das Profil des Bosses eines Rüstungskonzerns, und seiner Rolle während des NS-Regimes, als Diehl Zigtausende Zwangsarbeiter für die Rüstungsfertigung nutzte, galt viel Publizität. Die anderen Konzernsparten – Schaltungen für Haushaltsgeräte, elektronische Geräte für Flugzeuge, Messingdrähte – waren und sind zu wenig spektakulär, auch wenn sie den größeren Teil des Unternehmensumsatzes bestreiten.

Ich bohrte jahrelang. Es war überraschend, als meine Geduld belohnt wurde und mir die Pressestelle des Unternehmens den Termin für ein exklusives Gespräch mit Karl Diehl mitteilte. Die Audienz dauerte vier Stunden und brachte nachrichtlich eigentlich nichts. Ich habe dennoch über das „Nichts" ausführlich geschrieben.

Nur selten konnte ich den Redefluss des Firmenpatriarchen unterbrechen und Fragen anbringen. Nach zwei Stunden, bei einer der seltenen Fragen, sagte Karl Diehl: „Das weiß ich nicht." Er stand auf, öffnete die Tür – und da warteten seit zwei Stunden alle Vorstandsmitglieder wie Hühner auf der Stange auf ihren

Stühlen. Nun kamen sie herein. Die Antwort, die ich von einem der Manager bekam, brachte wiederum nichts Erhellendes. Aber sie gaben sich alle Mühe bei dem Spiel. Die Vorstandsmitglieder blieben dann bis zum Ende im Raum.

Als Journalist hat man in der Regel keinen Einfluss darauf, wer bei einem Interview alles anwesend ist.

Das Erbe der Grete Schickedanz

Die alte Dame hatte das Unternehmen völlig unter Kontrolle. Auf den jährlichen Pressekonferenzen beantwortete sie persönlich alle Fragen der Journalisten. Der Umsatz des Versandhauses und seiner Verkaufsfilialen stieg um eine Milliarde nach der anderen. Eine Standardfrage bei den Pressekonferenzen war die nach einem möglichen Börsengang. Das wies Grete Schickedanz Jahr für Jahr vehement zurück. Manche Kollegen von der Wirtschaftsjournaille schüttelten darüber den Kopf. Aber die Firmenchefin war stur: Was ihr Mann Gustav Schickedanz zusammen mit ihr aufgebaut hatte, sollte ein Familienunternehmen bleiben.

Ich übernahm die Berichterstattung über die Quelle ziemlich bald nach meiner Anstellung in der Wirtschaftsredaktion. Geniale Pionierleistungen und Innovationen wie der Versandkatalog waren die Grundlagen der Quelle-Geschichte. Der Quelle-Hauptkatalog hatte zu Hochzeiten eine Auflage von rund 12 Millionen Exemplaren. Der Aufbau von Auslandstöchtern trug zur Expansion bei. Der Niedergang begann, als Grete Schickedanz am 1. Februar 1987 Klaus Zumwinkel als ersten familienfremden Vorstandsvorsitzenden ins Unternehmen holte. Zumwinkel hatte seine Managementerfahrungen bei McKinsey in den USA erworben und kündigte im Interview, das ich als erster Journalist mit ihm führen konnte, ein „konsequentes Kostenmanagement" an. Der Fall der Quelle hielt in den Folgejahren mehrere Kollegen und Kolleginnen und auch mich auf Trab.

Die Vorstandschefs lösten sich in schneller Folge ab. Grete Schickedanz verabschiedete sich 1993 endgültig aus dem aktiven Management. Nach ihrem Tod verwarfen die Erben mit Madeleine Schickedanz an der Spitze das Prinzip des Familienunternehmens. 1999 folgte die Umwandlung in eine Aktiengesellschaft und die Quelle wurde in ein Gemeinschaftsunternehmen mit Karstadt eingebracht. Mit der Fusion zur KarstadtQuelle AG entstand Europas größter Warenhauskonzern. Aus der Konzernholding KarstadtQuelle wurde im März 2007 Arcandor. Nach der Ablehnung einer Staatsbürgschaft durch die Bundesregierung gingen am 9. Juni 2009 für Arcandor und Primondo beim Amtsgericht Essen die Insolvenzanträge ein. So wurde das Lebenswerk des Ehepaares Schickedanz aus Fürth in Essen zu Grabe getragen.

Beim Insolvenzverfahren ging es nicht mit rechten Dingen zu. Solche Verfahren müssen laut Gesetz am Gerichtsstand eines Unternehmens – hier: Fürth – durchgeführt werden. Der Insolvenzverwalter von Arcandor, Klaus Hubert Görg, meldete die Insolvenz aber wie die der Mutter Arcandor in Essen an. Ich beschrieb das Problem. Wenn ich gedacht hatte, dass jemand nachhaken würde, so irrte ich mich aber. Die Moral von der Geschichte: Wenn Journalisten meinen, dass sie durch ihre Arbeit etwas bewirken können, so liegen sie oft – nicht immer – falsch.

Bei EU-Kommissaren

Günter Verheugen hörte aufmerksam zu. Der Kommissar war zu dieser Zeit zuständig für die anstehende EU-Erweiterung nach Osten. Westeuropäische Konzerne wie die WAZ hatten begonnen, Zeitungen, Rundfunk- und Fernsehstationen in den Ländern im Osten aufzukaufen. „Wildwest" im Osten war die Praxis, über die wir – eine Delegation der Europäischen Journalisten-Föderation – dem Herrn Kommissar berichteten. Es gab einen rigorosen Stellenabbau. Sollten nicht die sozialen Standards der Medienbranche im Westen ebenfalls in den neuen EU-Mitgliedsländern im Osten gelten müssen? Nach einer Weile lehnte sich Verheugen zurück und meinte: Die Situation der Medien, sie sei wohl bei den Beitrittsgesprächen vergessen worden.

Politiker stecken die Rahmenbedingungen dafür ab, was auf der Welt geschieht. Verheugen hatte eine Verantwortung, und seine Erklärung war unverständlich. Schließlich hatte er in jungen Jahren, vor dem Studium, Zeitungsvolontariate durchlaufen – bei der *Neuen Ruhr Zeitung* in Essen und der *Neuen Rhein Zeitung* in Köln. Er sollte also für die Belange von Journalisten und Journalistinnen ein offenes Ohr haben. Jetzt saß er uns, den Vertretern der EJF, in Brüssel in seiner Funktion als EU-Kommissar gegenüber. So erfuhren wir sehr praktisch, wo die Prioritäten der Europäischen Kommission liegen – wie sie auf die Freiheit des Marktes als Maxime eingeschworen ist.

Noch trauriger verlief ein Treffen mit Vladimir Špidla aus der Tschechischen Republik. Vom Sägewerksarbeiter und Kulissenschieber hatte er es 2004 zum EU-Kommissar für Beschäftigung, soziale Angelegenheiten und Chancengleichheit gebracht. Wir wollten mit ihm unter anderem über Bildschirmarbeit sprechen. Der Termin dauerte nicht lange. Špidla meinte nach einer Viertelstunde, dass er sich mit Beschäftigungsverhältnissen in Verlagen nicht auskenne. Er verwies auf seinen Sekretär, mit dem wir weiterreden könnten. Man nennt das abwimmeln!

Ich oute mich als überzeugter Anhänger dieses Europas. Dieses Bekenntnis darf Kritik nicht ausschließen. Durchaus fragwürdig ist die Art und Weise, wie Entscheidungsprozesse in Brüssel funktionieren. Das bekommen Journalisten und Journalistinnen nicht mit, wenn sie nach Brüssel eingeladen werden, wo

ihnen von der EU ein Programm mit „hochkarätigen" (ein Unwort!) Gesprächspartnern angeboten wird. Diese spulen PR für ihre Person oder ihre Direktion
ab.

Anders war meine Erfahrung als Mitglied des Steering Committee der EJF. Das
Geheimnis von Lobbyisten ist, herauszufinden, welche Mitarbeiter der General-
direktionen gerade an welcher Vorlage für eine Richtlinie arbeiten. Man trifft sie
vielleicht im irischen Pub Kitty O'Shea's gleich gegenüber des Kommissions-
gebäudes, bei einem Guinness- oder Kilkenny-Bier. In dieser Arbeitsphase werden Weichen für einen Entwurf gestellt, der irgendwann bei einem Ausschuss
des Europaparlaments landet. Natürlich bedarf es Geschick, diese Personen mit
Argumenten zu überzeugen und zu beeinflussen. Die Wirtschaftskonzerne ver-
fügen über die Ressourcen, um viel „Manpower" für diesen Prozess einzusetzen.
Die Organisationen auf Arbeitnehmerseite können damit kaum Schritt halten.
So konnten sich in der EU vor allem Wirtschaftsinteressen durchsetzen. Die
Diskrepanz zwischen den Lobbyisten ist eine Erscheinung, die in der Bericht-
erstattung aus Brüssel unzureichend thematisiert wird.

Einblicke vor Ort

Stop or we'll shoot you

„Stop or we'll shoot you", kam die Warnung unmissverständlich über Megaphon. Wir hatten ihn gar nicht bemerkt, den Panzer, der hinter uns herjagte.

Wir, das war eine Gruppe deutscher Journalisten. Mit Hilfe eines Freundes, dessen deutscher Pass Nablus als Geburtsort ausweist, organisierte ich eine Informationsreise durch Palästina. Die dju hatte sie als Rechercheseminar für Kollegen und Kolleginnen ausgeschrieben. Der Trupp war interessiert und motiviert. Von München aus flogen wir nach Tel Aviv. Mein Freund hatte über Jordanien anreisen müssen. Wie rund 70.000 deutschen Mitbürgern war ihm der Weg über Tel Aviv versperrt, weil die israelischen Behörden die deutsche Staatsangehörigkeit und den deutschen Pass nicht anerkennen, wenn ein Geburtsort in Palästina vermerkt ist.

Mein Freund erwartete uns hinter dem Checkpoint auf dem Weg nach Ramallah. Zu unserer Überraschung war in seiner Begleitung Munib Masri. Hinter dem Namen verbirgt sich eine der interessantesten Persönlichkeiten Palästinas. 1934 in Nablus geboren, war er Minister in Jordanien gewesen; er hatte als Geschäftsmann ein Milliardenvermögen erworben, weshalb ihm der Beiname „Rothschild Palästinas" zugeschrieben wurde. Einen Teil des Vermögens steckte er in den Ausbau der Al-Quds-Universität in Ost-Jerusalem. Die Villa der Familie über dem Tal von Nablus ist teilweise ein Museum, mit unglaublichen Exponaten aus aller Welt, die er, wie er sagte, für seine Landsleute gesammelt hat. Den Wintergarten von Napoléon und seiner Geliebten Joséphine hatte Munib Masri auf einer Auktion erstanden. Natürlich ist der Picasso, der im Haus hängt, ein Original. Im Esszimmer der Villa hängen Bilder, die ihn mit persönlichen Freunden zeigen, darunter Arafat und Nelson Mandela. Politisch unabhängig, mischte sich Munib Masri immer wieder in Friedensgespräche mit den Israelis ein – das blieb so erfolglos wie die Bemühungen vieler anderer. Der prominente Palästinenser begleitete unsere Gruppe die meiste Zeit über. Allein die Begegnung mit ihm war ein Erlebnis.

Nach der Einreise nach Palästina ging es zuerst zur deutschen Vertretung in Ramallah. Die Diplomaten freuten sich – deutsche Korrespondenten für Nahost sind meist in Jerusalem oder Tel Aviv stationiert, und der Weg führt sie normalerweise nicht nach Ramallah. Noch heute berichten viele über die Region, ohne die Schauplätze und die dortigen Gegebenheiten wirklich zu kennen. Viel Informationsmaterial bekamen wir von den deutschen Diplomaten mit auf den Weg. Wir hatten Termine beim Ministerpräsidenten, beim Außenminister, beim Verhandlungsführer der Palästinenser mit den Israelis, später beim Gouverneur von Nablus und bei der Handelskammer.

Nablus war der Ausgangspunkt für weitere Programmpunkte wie die Visite bei einem lokalen Fernsehsender.

Und wir fuhren bei Tukarem zur Mauer zwischen Israel und Palästina. Ein Kleinbus brachte uns dorthin. Wir sprachen mit palästinensischer Bauern, denen durch die Mauer der Zugang zu ihren Feldern versperrt war. Ebenfalls auf der anderen Seite lagen die Wasserstellen zur Bewässerung der Äcker. Viele Kollegen und Kolleginnen machten Fotos. Nach einer Stunde stiegen wir wieder in den Bus.

Wenig später hörten wir die Aufforderung zum Anhalten. Der israelische Panzer jagte durch ein Tor in der Mauer hinter uns her. Der Bus stoppte. Ein israelischer Soldat mit einem Maschinengewehr in der Hand erschien in der Fahrzeugtür.

„All out!", lautete das Kommando.

Wir stiegen gehorsam aus.

„What are you doing here?", fragte der Soldat mit dem Maschinengewehr.

Ich outete mich als Sprecher der Gruppe: „Wir sind Journalisten."

„Was machen Sie hier?"

„Na, wir sind Journalisten."

„Warum haben Sie hier fotografiert?"

„Wir sind Journalisten."

„Wo kommen Sie her?"

„Aus Deutschland."

„Ah, ein schönes Land."

„Waren Sie schon einmal in Deutschland?"

Der israelische Soldat war tatsächlich als Tourist durch Europa gereist, und freundlich sprachen wir über deutsche Städte, die er besucht hatte. Ein anderer Soldat telefonierte etwas abseits offenbar über Funk mit Vorgesetzten. Dann kam auch er zu uns: „Okay, you can go on."

Die Mehrzahl der Kollegen und Kolleginnen war schockiert über das Erlebnis von Gewaltandrohung durch das Militär. Wir stimmten am Ende überein: Für uns war das eine einmalige Erfahrung, für Palästinenser ist es Alltag – egal, ob für „normale" Bürger oder Journalisten. Ein Bauer an der Mauer bei Tukarem meinte: „Sie wollen uns das Rückgrat brechen, aber wir lassen uns nicht unterkriegen."

Strom für das Bestattungsinstitut

Elandskraal war der Ortsname. Die Station auf der Rundreise war gerade an das Stromnetz des Landes angeschlossen worden. Glücklich strahlten die Gesichter der Lokalpolitiker, auf die wir trafen. Einer von uns stellte die Frage, wer denn als erster vom Strom profitierte.

„Die Disco", war die Antwort.

„Wer noch?"

„Das Bestattungsinstitut", kam die Ergänzung. Gefolgt von der Erklärung, dass es heiß sei in der Gegend und oft Tage vergingen, bis die Leichen unter die Erde gebracht werden könnten. Da tat Kühlung Not.

Einst stellte die MAN in Nürnberg Turbinen her. Ein Kunde war Südafrika – genauer: der Energiekonzern Eskom. Er lud eine Handvoll Journalisten aus Bayern ein. Es war einer der unzählbaren Fälle, in denen klar wurde: Gute Englischkenntnisse gehören in einer globalisierten Welt zu den Kernqualifikationen von Wirtschaftsjournalisten.

Auf dem Programm stand ein Exklusivgespräch mit Südafrikas Finanzminister in Pretoria – bei einem Mittagessen. Am Morgen davor hatten wir noch einen anderen Termin: Eine Weinprobe. Ich erinnere mich an den Markennamen *Delheimer Spatzendreck*, weil ich ihn lustig fand. Es war heiß, und der Alkohol zu so früher Tageszeit warf uns um. Der Finanzminister redete und redete und gegenseitig stupsten wir uns an, um uns aus dem Halbschlaf zu wecken.

Zu den Erfahrungen auf dieser Reise – wie auf vielen anderen – gehörte: Die Realität ist eine andere, wenn man vor Ort ist, als wenn man sie beim Lesen von Zeitungsartikeln oder beim Betrachten von Fernsehbildern wahrnimmt. Die verfügbare Zeilenzahl in den Zeitungsspalten ist begrenzt, und die Fernsehkamera fängt stets nur den Ausschnitt ein, auf den sie gerade gerichtet ist. Die Selektion ist zwangsläufig. Es ist aber ein Unterschied, in Afrika hungernden Kindern gegenüberzustehen oder nur die Fernsehbilder zu sehen. Genauso ist es ein Unterschied, ob man bequem im Büro Pressemitteilungen auswertet und bei einer Pressekonferenz in der Heimat die Hintergründe des Turbinengeschäfts mit Südafrika erfragt, oder ob man sich selbst vor Ort einen Eindruck verschaffen kann, wie verheerend die Lebensbedingungen in diesem Land tatsächlich sind.

Nein, Journalisten lassen sich nicht gleich kaufen, wenn sie auf Kosten einladender Firmen zu solchen Reisen aufbrechen. Solche Trips schärfen ihren Blick für die menschliche Seite hinter den Wirtschaftsnachrichten. Wenn solche Reisen deutlich weniger geworden sind, weil manche Zeitgenossen Korruption mutmaßen, dann geht manches verloren, was hinter nackten Zahlen zu finden ist.

Wir fuhren nach Soweto. 1976 erschütterten Schüler- und Studentenproteste die Vorstadt von Johannesburg. Sie richteten sich gegen die Verfügung, den Unterricht nicht mehr auf Englisch, sondern in der Sprache Afrikaans der weißen Herren im Land abzuhalten. Die Unruhen kosteten mehr als 500 Opfer. Soweto wurde zum Symbol für den Widerstand gegen das Unrechtssystem der Apartheid. Als ich wenige Jahre später also, noch in der Ära der Apartheid, die Gelegenheit hatte, nach Soweto zu fahren, hatte ich die Fernsehbilder von Wellblechbaracken und Armut im Kopf. Wir sahen in der Tat ein paar dieser Unterkünfte am Rande der Vorstadt von Johannesburg. Dominierend aber blieb der Eindruck der schmucken Einfamilienhäuser der afrikanischen „upper middle class" mit ihren gepflegten Vorgärten. Im Zentrum von Soweto fuhren wir an der BMW-Niederlassung vorbei – die größte des deutschen Autoherstellers in Afrika südlich der Sahara. Nein, die Fernsehbilder von damals waren keine Fälschung gewesen. Sie zeigten eine dramatische Realität – aber davon nur einen Ausschnitt. Die ganze Realität ist komplexer.

Dramatisch war der Flug durch die Ausläufer der Drakensberge. Sechs Mann und der Pilot in einer Cessna. Wir kamen den schwarzen Wolken immer näher. Der Hagel traf die Maschine ohne Vorwarnung. Die Windböen des Unwetters schleuderten die Cessna durch die Luft. Das war's dann wohl. Wenn Spielfilme über Flugzeugabstürze panisch schreiende Passagiere zeigen, so ist das falsch. Richtig ist schockartige Erstarrung. Der Pilot setzte zur Notlandung auf einem abgemähten Maisfeld an. Wie er die Maschine – mit uns – tatsächlich heil herunter auf den Boden brachte, bekamen wir nicht mit.

Mit zitternden Knien kletterten wir aus der Cessna. Niemand sprach ein Wort. Der Pilot griff hinter seinen Sitz und holte eine Flasche Whisky hervor. Er setzte sie an, und als er die Flasche an uns weiterreichte, war sie zu einem Drittel leer. Der Pilot zog dann los, in eine Richtung, wo er eine Straße vermutete. Rund eine halbe Stunde später holte uns ein Lkw ab.

Insgesamt habe ich in mehr als 45 Lebensjahren rund 1,3 Millionen Flugkilometer hinter mich gebracht. Das ist weiter als zweimal zum Mond und einmal zurück. Oder: Einmal zum Mond und zurück und das zweite Mal nicht mehr zurück. Dass ich jedes Mal erleichtert bin, wenn die Maschine wieder sicher am Boden gelandet ist, bleibt mein Geheimnis. Ich hasse Turbulenzen!

Arabischer Frühling?

„Das Gras wächst nicht schneller, wenn man daran zieht, besagt ein arabisches Sprichwort. Die Aktivisten vom Tahrir-Platz wollten daran ziehen." So postete ich es am 12. Februar 2012 aus Kairo an meine Facebook-Freunde.

Die Arabische Welt war stets ein Schwerpunkt meines Interesses. Natürlich zogen mich dann die Fernsehbilder vom „Arabischen Frühling" in ihren Bann. Worum ging es dabei? Ging es darum, dass sich die betroffenen Völker von Diktatoren befreien und endlich Demokratie praktizieren wollten, wie manche Kommentatoren aus ihrem Blickwinkel behaupteten? Meine Wahrnehmung war durch Reisen in arabische Länder und durch zahlreiche Begegnungen dort eine andere: Es ging eigentlich um Arbeit. Fehlende Arbeit, die zu Armut und Unzufriedenheit führen musste. Die daraus entstehende Bewegung hat sich dann in der Arabischen Welt, von Land zu Land auf unterschiedliche Weise, verselbständigt.

Einmal im Jahr fliege ich zu meinen Freund Ali nach Kairo, um abzuschalten. So war es auch im Februar 2012. Mit Ali besuchte ich Handwerker in ihren Werkstätten, ich sprach mit Arbeitern und Händlern und sah die vielen jungen Leute ohne Arbeit. Der Diktator Mubarak war ein Jahr zuvor aus dem Amt gejagt worden. Über Facebook gab ich meine Eindrücke weiter. Ich wiederhole sie hier.

9. Februar: „Bizarr: Kairo im Februar 2012. Demo vor dem Justizpalast gegen das Militär, drumherum gehen die Menschen ihrer normalen Beschäftigung nach, Straßenhändler amüsieren sich. Hunderte belagern einen Laden, wo es Süßigkeiten verbilligt gibt, gleich gegenüber. Überall nur Stau. Naja, bei 27 Millionen Einwohnern … Umbruch? Revolution? Wo? Vielleicht krieg ich's noch raus …"

10. Februar: „Wo der Puls der Stadt schlägt – im Gedränge einer der Mega-Einkaufs-Malls, zwischen L'Oreal und McDonald's. Im Supermarkt: Alles von Käse aus Dänemark bis zu Knoblauch aus China, obwohl das Agrargebiet im Niltal vor der Haustüre liegt. Persil wird immerhin in Ägypten selber verpackt. Leute mit vollen Tüten – dabei haben seit Beginn des ‚Frühlings' rund 1500 Fabriken im Land dichtgemacht. Arabische Investoren haben 11 Milliarden Dollar aus dem Land abgezogen. Jetzt essen wir gleich Nudeln aus Italien."

10. Februar noch einmal: „Einst berichtete ich aus Prag – 10.000 DDR-Bürger warteten vor der BRD-Botschaft auf Ausreise. ‚Freiheit!‘, skandierten sie. Ich fragte, was sie damit meinten. Jetzt höre ich in Kairo: ‚Wir sind frei.‘ Nie zuvor habe ich in Kairo zuvor so viel Schund zum Kaufen bei Straßenhändlern gesehen, wie Teddybären made in China. Mein Freund Ali sagt: Die Revolution hier ist in Wirklichkeit eine Illusion. Wie in Deutschland interessiert die meisten Menschen weniger die Politik als der Alltag …“

11. Februar: „Keine Ahnung, ob und was dpa heute Abend zu berichten hat. Heute hier eine Stunde der Wahrheit? ‚Aktivisten‘ riefen zum Generalstreik auf, angeführt von Studenten der American University Cairo – in der Nachbarschaft des Tahrir-Platzes. Haben dementiert, dass sie Werkzeug der Amerikaner sind, um das Land zu schwächen. Eine Verschwörungstheorie. Araber lieben solche. Verschwörungstheorien sind hier Teil der Kommunikationskultur, auch Medien stürzen sich darauf, denn das bringt Leser. Und überall höre ich Volkes Stimme: ‚Die vom Tahrir-Platz bringen uns keine Arbeit‘. Die ‚Revolution‘ hatte für viele Unterhaltungswert, jetzt sehnt man sich danach, dass der Staat wieder funktioniere. Sorry: Ich berichte nur, was ich höre, und das ist natürlich nicht repräsentativ.“

12. Februar: „Traurig: Nur ein paar 100 Studenten kamen gestern zum Tahrir-Platz. Der ausgerufene Generalstreik war ein Reinfall – viele Arbeiter machten stattdessen Überstunden. Sie hätten gern den Jahrestag der Verjagung Mubaraks gefeiert, aber über den Streikaufruf waren sie (und über die Studenten sind sie) sauer. Der ‚Frühling‘ gescheitert? Die Studenten haben den Boden für ‚change‘ bereitet, aber sie wissen nicht, wie man das Feld bewässert. Nur andere werden das Heu ernten können.“

14. Februar: „Langes Gespräch mit der Kollegin vom Vorstand der ägyptischen Journalistengewerkschaft. ‚It's like a science fiction movie‘, sagt sie. Und: Der Kopf sei abgeschlagen, aber die Nerven hielten den Körper noch am Zucken. In den ägyptischen Medien zuckt's noch. 80 Prozent der Journalisten arbeiten für staatliche Medien. Hunderte haben seit Wochen oder Monaten ihr (Hunger-)Gehalt nicht bekommen. Jetzt geht das zähe Bemühen um ein Pressegesetz los – ein Presserat? Ein Pressekodex? Wie fängt man Gespräche für einen Tarifvertrag an? ‚Wir brauchen Training, Training, Training‘, sagt die Kollegin, die sehr engagiert wirkt.“

Ich habe nicht herausgefunden, wer den Begriff „Frühling" zum allerersten Mal verwendet hat. Wenn ich mit arabischen Journalisten spreche, bezeichnen sie dies als eine europäische Erfindung. Manche reden von einer „Arabellion". Dieser Begriff scheint mir zutreffender zu sein.

Der Kontakt mit der Kollegin in Kairo ist leider abgebrochen. Ali aber werde ich wieder besuchen.

Germany ist wo?

Irgendwann kam die unvermeidliche Frage: „Where are you from?" Unsere Antwort: „West Germany." Rückfrage: „Where the hell in what state is that?"

Amerika, die Amerikaner und die amerikanische Politik verstehen – das ist nicht leicht, dennoch verfassen Journalisten jede Menge Leitartikel über die USA. Mich traf es auch, zum Thema europäisch-amerikanische Wirtschaftsbeziehungen. Um die US-Amerikaner zu verstehen, sollte man aber dort eigene Erfahrungen sammeln. Ich reiste öfters über den Atlantik, zu Pressekonferenzen, aber auch privat aufgrund familiärer Beziehungen. Demokraten gegen Republikaner? Die Angst vor der Einwanderung aus Mexiko und den anderen mittelamerikanischen Staaten? Das sind keine Themen im Bundesstaat Maine im Nordosten des Landes, wo die Verwandten leben.

Das beschriebene Erlebnis hatte ich allerdings in Mexiko, auf einer Überland-Busfahrt mit meiner Frau. Mit im Bus: ein Pärchen aus den USA. Mit den beiden kamen wir ins Gespräch, und dann kam eben die Frage nach unserer Herkunft. Naja, es gab damals auch noch „East Germany". Seit jenem Erlebnis weiß ich: Geographie ist nicht die Stärke der Amerikaner, und sogar manche geopolitischen Entscheidungen von Politikern mögen von dem Wissensdefizit beeinflusst sein.

Die Frage war freilich gar nicht so abwegig. Natürlich hätten deutsche Einwanderer einmal in Kentucky ein „West Germany" gründen können – unsere Verwandten leben schließlich in *Norway*. Der Nachbarort heißt *West Paris*.

Lektionen im Herzen des Sahel

Meine Begleiter aus dem Dorf amüsierten sich köstlich. Da war dieser Weiße zu ihnen gekommen, er übernachtete bei ihnen im Dorf unter freiem Himmel und stolperte auf dem Weg zwischen den Hütten über jeden zweiten Dornenstrauch. Es war Neumond, und trotz des klaren Sternenhimmels empfand ich es als stockdunkel. Selbst fand ich meine Unbeholfenheit gar nicht lustig. Ich fragte mich: Lag es an mir? Oder hat ein gewisser Thomas Alva Edison mit der Erfindung der Glühbirne bei denen, die das ständige Licht nutzen, eine Schwächung des Sehvermögens verursacht?

Lektionen erhält man in der Schule und auf Reisen. Zwischen 1996 und 2000 war ich sieben Mal in Mali. In dem westafrikanischen Land engagiert sich seit Beginn der 1980er Jahre die Landesarbeitsgemeinschaft Bayern Entwicklungshilfe Mali (LAG) e. V. – nach dem Grundsatz der Hilfe zur Selbsthilfe. Gegründet hatte sie der frühere Landtagsvizepräsident Bertold Kamm (SPD). Die Arbeiterwohlfahrt Bayern steht als Träger dahinter. Als ehrenamtlicher „Projektbeauftragter" war es meine Aufgabe, die Aktivitäten vor Ort, im Bezirk Nara an der Grenze zu Mauretanien, zu prüfen. Das ist sprichwörtlich am Ende der Welt, im Herzen der Sahelzone. Wo es keinen Strom und damit kein künstliches Licht gibt. Wo Entscheidungen der Dorfbewohner im „Palaver-Haus" getroffen werden. Logistisch unterstützt wurde das alles von der Friedrich-Ebert-Stiftung (FES) und dem Deutschen Entwicklungsdienst (DED). Die Hilfe schloss die Landwirtschaft, Alphabetisierung, Wasserversorgung und Förderung von Selbsthilfestrukturen ein. Lange vor anderen Organisationen vergab die LAG Mikrokredite an dörfliche Frauengenossenschaften.

Ich lernte bei den Gesprächen mit dem malischen Expertenteam, das wir angestellt hatten, und mit den Dorf-Assoziationen: Die eigenen Vorstellungen, was Sache sei, liegen allzu leicht daneben. Die Schlussfolgerung: Vorsicht mit schnellen Wertungen und Darstellungen – und Vorsicht bei Empfehlungen, was andere tun und lassen sollten. Kommentatoren in den Medien mögen es gut meinen, aber viele Vorschläge sind wenig hilfreich und können angesichts der Gegebenheiten vor Ort nicht funktionieren.

Ein Beispiel: Vor Ort wird Ziegenleder verarbeitet. Meine Idee beim ersten

Besuch war: Zur Einkommenssicherung könnten die Frauen vor Ort doch Krawatten fertigen, die in Europa vermarktbar wären. Beim zweiten Besuch bekam ich eine solche Krawatte geschenkt. Ich erfuhr dann aber, dass die Krawatte in der Hauptstadt Bamako extra für mich gekauft worden war, um mir eine Freude zu bereiten. Ich verstand: Von meiner Seite sollten besser keine Vorschläge kommen, auch wenn sie noch so gut gemeint waren. Ab dieser Zeit hörte ich einfach nur zu, welche Maßnahmen die Einheimischen diskutierten.

Ein weiteres Beispiel aus der Landwirtschaft: Wir richteten klassische Baumschulen ein. Es dauerte einige Zeit, bis wir durch die Diskussion zwischen den Dorfbewohnern und unseren malischen Experten herausfanden: Die Besonderheit der Region waren eigentlich Medizinpflanzen, deren Früchte oder andere natürliche Bestandteile Krankheiten zu kurieren vermögen, von Malaria bis Gelbfieber. Dieses regionale Know-how zu unterstützen, erforderte sehr spezielle Maßnahmen, die wir finanzierten. Einer Studie zufolge kurierte eine der Pflanzen sogar Immunschwäche. Meine weiteren Recherchen ergaben, dass in den USA ein Patent für eine Schwesterpflanze angemeldet war – zur HIV-Forschung. Die Früchte waren Zutat zur täglichen Nahrung vor Ort. Und in den Dörfern um Nara gab es keine HIV-Erkrankungen, trotz regelmäßiger Wanderungen der Männer als Saisonarbeiter in Risikogebiete.

Zuhause sprach ich über das Phänomen mit Vertretern der Pharmabranche. Diese hielten eine Wirkung von natürlichen Pflanzen als Prävention auch gegen HIV für möglich und meinten im gleichen Atemzug, dass in einem ersten Schritt umfangreiche Blutuntersuchungen der Bewohner vor Ort notwendig wären. Blutabnahmen sind in dieser Region aber unbekannt und undenkbar – das war das Ende dieser Geschichte.

Wir befassten uns außerdem mit dem Problem der Beschneidung von Frauen. Die Prozedur wurde, entgegen meinen Vorstellungen, nicht von Frauen aus dem jeweiligen Dorf selbst vorgenommen. Vielmehr zogen „Beschneiderinnen" von Dorf zu Dorf, die auf diese Weise ihr Einkommen verdienten. Es gab eine Initiative in Mali, die alternative Möglichkeiten zur Einkommensbeschaffung für die Beschneiderinnen zum Ziel hatte: Durch Umschulung zu Textilarbeiterinnen. Nähmaschinen und Stoffe zur Verarbeitung wurden dafür gespendet. Die LAG unterstützte das Projekt. Es kamen keine Beschneiderinnen mehr in die Dörfer, die wir betreuten.

Irgendwann liefen die Projekte im Raum Nara aus, denn Hilfe zur Selbsthilfe soll nach dem Prinzip der Nachhaltigkeit zum Selbstläufer werden. Die LAG Malihilfe operiert weiter in anderen Regionen des Landes, unter kompetenter Leitung. Mein Abschied kam mir gerade recht. Vertreterinnen der örtlichen Frauenvereinigung besuchten mich während meines letzten Aufenthalts. Sie eröffneten mir sinngemäß: Du bist inzwischen ein Malier geworden. Du lebst hier mit uns, wenn Du da bist, Du isst und trinkst mit uns und hörst uns zu. Du hast hier ein Haus. Was Dir fehlt, ist eine Frau. Weil Du aber eine besondere Position hast, brauchst Du zwei. Wir werden bis zum nächsten Mal zwei für Dich aussuchen.

So habe ich vielleicht in Mali zwei Bräute, die ich nicht kenne?

Der Tagebucheintrag nach meiner Rückkehr nach Deutschland: „Vieles, was hier in Europa läuft, ist so unwichtig und lächerlich. Den Menschen in zwölf Dörfern habe ich im letzten Jahr Wasser verschafft – das ist, was zählt."

Durch einen Kontakt über Facebook mit einem ehemaligen malischen Angestellten weiß ich, dass manches weiterläuft, was wir damals angeschoben haben. Die Gärten zum Beispiel werden noch kultiviert. Für was Facebook nicht alles gut ist …

Steine gegen Panzer

Zu Gast bei Freunden in Nablus, einstmals das kulturelle und wirtschaftliche Zentrum Palästinas. Um die Mittagszeit bummelten meine Tochter und ich durch den Suk, die Altstadt. Wir genehmigten uns einen frisch gepressten Orangensaft von einem Straßenhändler in der Nähe des Rathauses. Plötzlich tippte mir meine Tochter auf die Schulter: „Du, Dad, siehst Du das? Schau mal da vorne."

„Nö, ich sehe nichts. Was denn?"

„Da steht ein Panzer."

„Tatsächlich. Na so was!"

Das Leben drumherum ging seinen normalen Gang weiter. Wir waren nur zehn Meter von dem Militärfahrzeug der Israelis entfernt. Und noch einmal schubste mich meine Tochter an: „Du, Dad, siehst Du das?"

„Was denn?"

„Da kommen Kinder angerannt. Die heben Steine auf."

Es dauerte nicht lange, bis die Steine flogen – gegen den Panzer. Die Erwachsenen flüchteten. Viele ins Rathaus. So auch meine Tochter und ich. Vom Fenster im ersten Stock aus sahen wir: Jetzt schossen die Panzer scharf zurück. Die Kids kamen aus Verstecken hinter Hausecken heraus und warfen immer neue Steine. Schnell waren sie wieder hinter einer Mauer verschwunden.

Ich fragte die Eltern: „Warum tun die Kinder das? Könnt ihr sie nicht zurückpfeifen? Sie gefährden doch ihr Leben!" Achselzucken war die Reaktion. Dann die hilflos wirkende Antwort einer Mutter: „Sie testen ihre Grenzen aus. Sie wollen Widerstand leisten, aber sie können die Gefahr nicht einschätzen. Wir können sie nicht abhalten." Mein Adrenalinspiegel stieg. Ich dachte: Ich bin doch Journalist, der dokumentiert. Also runter die Treppe und raus aus dem Rathaus. Ich muss Fotos machen. Authentische Aufnahmen. Aber: Ich war natürlich nicht als „Presse" gekennzeichnet. Ich bemerkte nicht, wie meine Tochter ebenfalls das Gebäude verließ. Sie riss mich am Ärmel zurück: „Dad, bist Du verrückt?" Sie hatte Recht und ich ging mit ihr zurück ins Rathaus.

Denn sie wissen nicht, was sie tun … Nicht die Kids in Nablus, nicht ich. Irgendetwas hatte sich verselbständigt und mich vergessen lassen, wie real die Gefahr war, in die ich mich begab.

Am Hinterausgang des Rathauses fanden wir ein Taxi. Der Fahrer nahm uns auf. Ein umherirrendes junges palästinensisches Paar zogen wir kurzerhand mit in den Wagen hinein. Wir duckten uns auf den hinteren Sitzen, fuhren Slalom zwischen Kugelfeuer und Straßensperren. Brennende Reifen und Tränengas-Schwaden sahen wir in nur 20 Metern Entfernung. Die Grenzen waren für diesen Tag genügend ausgetestet. Für Angst blieb angesichts der Anspannung kein Raum. Nicht eine Sekunde lang. Tote Kinder aus dem Bekanntenkreis unserer Gastgeber wurden erst am nächsten Tag gemeldet.

Höllenlärm in 1.000 Metern Tiefe

„Es herrscht ein Höllenlärm 1.000 Meter tief unter der Erde. Die Abgase der schweren Caterpillar-Bagger, die das Gestein aus Seitenschächten räumen, und der Staub der Erze verdichten sich bisweilen zu einer Nebelwand, die die Grubenlampe nicht durchdringt. Man watet durch Schlamm, und an einigen Stellen rinnt Wasser aus den Wänden der breiten, unterirdischen Tunnels – teils kontrolliert, teils aber auch unkontrollierbar ...“

Ich war in Begleitung von Lothar Schmechtig. Er war Chef der Foto-Quelle, über die ich regelmäßig berichtete, und ich habe ihn sehr geschätzt. Lothar Schmechtig galt in der Branche als Pionier und er hatte das Image zurecht. Unter seiner Leitung mauserte sich das Unternehmen zum größten Fotohaus der Welt – nicht zuletzt dank der Aufnahme japanischer Spiegelreflexkameras und Schmalfilmkameras ins Sortiment. Der bayerische Ministerpräsident Franz Joseph Strauß vermittelte ihm dann den Titel des Konsuls von Zaire für Bayern. Später wurde Lothar Schmechtig deswegen von seiner Chefin Grete Schickedanz von der Mutterfirma Quelle zum Rücktritt gezwungen. Sie war Konsulin von Griechenland, aber „nur“ für Nordbayern. Insidern aus der Familie zufolge konnte sie nicht akzeptieren, dass ein angestellter Manager einen höheren Rang hatte als sie selber.

Ich kann mich nicht erinnern, wieso und wann ich Lothar Schmechtig erzählte, dass sich meine Dissertation mit der Kolonialgeschichte Afrikas befasst hatte. Eines Tages rief er mich jedenfalls in der Redaktion an. Er kam gleich zur Sache: Ob ich Lust hätte, ihn nach Zaire zu begleiten, war seine Frage. Schmechtig wollte nicht seine Zeit am Rand des Swimmingpools im Hotel Intercontinental in der Hauptstadt Kinshasa verbringen, sondern durchs Land fahren und seine Wissbegierde stillen. Mir traute er zu, ihm auf den Wegen Deutungen zu liefern, was da zu sehen war. Ich überlegte nicht lange und sagte zu – sah eine Chance für Recherchen.

Ein Problem war das Visum. Journalisten bekamen keine Einreiseerlaubnis ins Land. Heute noch bleibt Journalisten in etlichen Staaten die Einreise verwehrt. In meinem Fall mutierte ich zum „secrétaire du consul“.

Acht Tage verbrachten wir gemeinsam im Land – vor Ort betreut von Vertretern der Hanns-Seidel-Stiftung. Der Schauplatz meines längsten Berichts in der Zeitung war Kipushi. Er hatte den anfangs zitierten Vorspann.

Kipushi liegt im Süden der Provinz Shaba – dem ehemaligen Katanga, unmittelbar an der Grenze zu Sambia. An der Vielfalt der Erze gemessen, war die Mine zumindest damals die wohl reichhaltigste der Welt. Kupfer, Kobalt, Zink, Silber, Gold, Germanium und vieles andere mehr ist hier in so hochkonzentrierter und vielfältiger Form zu finden, sodass manche der edlen Metalle gar nicht ausgesondert, sondern auf Halden aufgetürmt werden. Zeitweise sorgte der Abbau für 70 Prozent der Exporteinnahmen des Landes. In der wechselvollen Geschichte von Besitzverhältnissen waren es aber stets die internationalen Bergbaukonzerne, die am meisten davon profitierten.

Wenig erhellend war das Gespräch mit der Minenleitung. Die Schächte, die in der Mine kreuz und quer den Untergrund durchziehen, sind zusammengerechnet rund 150 Kilometer lang. Der Ingenieur aus Polen, der den Konsul aus Bayern und seinen Sekretär unter der Erde begleitete, sagte klipp und klar: „Das ist die härteste Arbeit, die es gibt."

Den Staatschef Mobutu sollten wir treffen, aber der war auf Reisen im Ausland, wo er seine Konten hatte. Wir fuhren trotzdem in das Gebiet nahe seiner Residenz im hohen Norden Zaires. Dabei machten wir einen Abstecher an den Grenzfluss zur Zentralafrikanischen Republik. Es war Trockenzeit, der Oubangi führte kein Wasser, und wir genehmigten uns in der Mitte des Grenzflusses ein Bier.

Auf der Piste durch den Urwald passierten wir ein Militär-Camp. Am Rande der Piste waren große, graue Zelte zu sehen. Unser Fahrer sagte, dort schulten belgische Fallschirmspringer eine zairische Elitetruppe. Vor einiger Zeit seien hierher rund 100 demonstrierende Studenten aus Kinshasa verfrachtet worden. Ein Halt für Nachfragen war nicht vorgesehen, wir sollten schließlich vor Anbruch der Nacht den nächsten Ort erreichen. Vermutlich wären wir bei den Fallschirmspringern sowieso nicht willkommen gewesen.

Grundsätzlich sollten Journalisten nicht unter falschem Etikett Visa beantragen. Das ist eine schlechte Idee: Die Nutzung eines Touristenvisums brachte schon manche Kollegen und Kolleginnen ins Gefängnis.

Jemen: Wie in 1001 Nacht

Es gab Hummer mit Käsesoße, Fisch Provenzale, Sautierte Poularde, Ziegenfleisch in Folie gebacken, Weizenbrei abgeschmeckt süß mit Bienenhonig oder herzhaft mit Fleischsuppe. Und manches andere mehr. So stand es auf der Speisekarte des abendlichen Staatsbanketts von Seiner Exzellenz Präsident Ali Abdullah Saleh aus dem Jemen zu Ehren von Herrn Gerhard Schröder, Bundeskanzler der Bundesrepublik Deutschland. Ich war zufällig 2005 zur Zeit des Staatsbesuchs im Land und die deutsche Botschaft lud mich zur Teilnahme am Bankett in der Hauptstadt Sana'a ein. Natürlich war ich neugierig und ich schloss mich dem Tross an. Außerdem war die Speisekarte verlockend.

Treffpunkt war vor der Botschaft. Von dort aus fuhren wir im Autokonvoi zu einem der staatlichen Paläste. Schröder und Saleh setzten sich, danach suchten die vielen anderen Gäste auf der Vielzahl von Tischchen nach ihrer Namenskarte. Nach 15 Minuten fand ich meine. Der Tisch bog sich von den genannten Speisen. Drei Minuten später standen allerdings Schröder und Saleh wieder auf und verließen den Raum. Sie hatten gegessen. Das Bankett war beendet, alle Gäste folgten unverzüglich. In den drei Minuten hatte ich gerade meinen Teller gefüllt. Zum Essen war ich nicht mehr gekommen.

Schröder und Saleh unterzeichneten förmlich einen Vertrag: Für die Lieferung eines Kraftwerks von Siemens in die Provinz Marib. Danach, draußen im Park vor dem Bankettsaal, gab es den üblichen Smalltalk zwischen Jemeniten und Deutschen. Plötzlich hörte ich wenige Meter von mir entfernt lautes Geschrei. Saleh und der Stammesfürst von Marib gingen mit Fäusten aufeinander los. Sie wurden gewaltsam voneinander getrennt. Ich hörte, als ich herumfragte: Nach Ansicht des Stammesfürsten sah der Vertrag keine angemessene „Gebühr" für den Stamm vor. So bekam ich die politische Spannung im Lande hautnah mit: Das Gefühl der Benachteiligung war stets das chronische Motiv für Stammeskonflikte in dem Land. Über die Szene habe ich allerdings nicht geschrieben. Ich wusste nicht genügend Details der Auseinandersetzung, hatte keine Möglichkeit zur Recherche. Wen hätte der Vorfall damals auch interessiert?

Das erste Mal reiste ich 2003 in den Jemen. Ein faszinierendes Land: Ich lernte den Orient pur kennen, mit gastfreundlichen Menschen, einer überwältigenden Landschaft und Architektur, aber viel Armut. Heute ist es durch sich überlappende Machtkämpfe zu einem „failed state" geworden, für den das Auswärtige Amt die höchste Stufe der Reisewarnungen ausgibt.

Zusammen mit vier anderen Kollegen von der Internationalen Journalisten-Föderation spielte ich bei diesem ersten Trip Wahlbeobachter bei den Parlamentswahlen. Begeisterung war in den langen Schlangen von Menschen zu spüren, die, getrennt nach Männern und Frauen, vor den Wahllokalen anstanden. Wer sein Kreuzchen abgegeben hatte, musste seinen Daumen auf einem Stempelkissen markieren lassen, damit er nicht zweimal wählen ging. Um die „schwarzen Finger" gab es Probleme: Nicht wahlberechtigte Jugendliche ließen sich zum Spaß ebenfalls markieren und zeigten ihre Daumen stolz herum.

Eine Delegation von Wahlbeobachtern aus den USA sah das und schloss daraus auf Wahlmanipulation. Der Vorwurf war dann Gegenstand einer Pressekonferenz, die die Amerikaner abhielten, und der Sender *Aljazeera* berichtete darüber. Die Kollegen des Senders befragten anschließend mich als Beobachter aus Europa über meinen Eindruck. Ich sah das Ganze nicht so dramatisch und meinte in die laufende Kamera: „Für Wahlen gibt es in jedem Land andere Regeln. Wahlen in Deutschland und den USA laufen auch unterschiedlich ab. Nach dem deutschen System wäre Bush nicht Präsident." Bush war wenige Monate zuvor Präsident geworden. Meine Äußerung ging live über den Äther, und die Beobachter aus den USA waren sauer.

Ein anderes Mal fragte das Yemen Journalists Syndicate (YJS) bei der Internationalen Journalisten-Föderation nach einem Seminar zur Ausbildung an. Fragen journalistischer Ethik standen auf dem mehrtägigen Programm, ebenso eine Schulung in professionellen Arbeitsweisen. Ich meldete mich als Trainer. Rund 40 jemenitische Teilnehmer kamen. Von sich aus hatte die Leitung des YJS darauf bestanden, dass die Hälfte der Teilnehmer weiblich waren – alle in schwarze Gewänder gekleidet, mit nur einem schmalen Augenschlitz. Diesen Brauch der Verschleierung habe ich stets respektiert. Bei einer Unterhaltung stauchte mich die Ministerin für Menschenrechte im Jemen einmal freundlich zusammen, als ich sie nach der Verschleierung fragte. „Ihr Europäer seid ziemlich dumm, dass ihr nach solchen Äußerlichkeiten urteilt", sagte sie zu mir. Ich sollte bei diversen Reisen in arabische Länder zwischen dem Erscheinen in der Öffentlichkeit und dem Einfluss der Frauen in der Familie innerhalb der eigenen vier Wände zu unterscheiden lernen. Zuhause ist dieser Einfluss oft kaum geringer als bei uns. Auch im Jemen.

An einem Abend während des Seminars kam eine der Frauen auf mich zu. Sie sprach mich in perfektem Deutsch an. Gehört hatte sie, wie sie mir sagte, dass ich am nächsten Tag der staatlichen Nachrichtenagentur SABA einen Besuch abstatten würde. Sie selber sei dort in der deutschsprachigen Abteilung beschäftigt. Vorab hieß sie mich willkommen. Im Gebäude der SABA am nächsten Tag gingen wir also auch zur deutschsprachigen Abteilung. Ich war verblüfft: Vier der schwarzen Gestalten stürmten auf mich zu. „Herzlich willkommen bei uns", erscholl es vierstimmig. Es war mir unmöglich, die Kollegin aus dem Seminar zu identifizieren.

Die nächste Verblüffung traf mich, als am Abend im Hotelzimmer mein Handy klingelte. Die besagte Kollegin war in der Leitung. Sie entschuldigte sich: „Tut mir leid, dass wir uns heute nicht sehen konnten. Ich war zu einem Termin eingeteilt und außer Haus."

Als „Gegenleistung" für das Seminar organisierte die jemenitische Gewerkschaft eine Rundreise für deutsche Journalisten durchs Land, die ich leiten durfte. Das unterschiedliche Zeitverständnis bekamen wir dabei deutlich zu spüren. Das Programm sah Gespräche mit dem Ministerpräsidenten und mehreren Ministern vor, außerdem eine Rundreise durch den Hadramaut, den Landesteil im Osten. Einen genauen Zeitplan gab es jedoch nicht. Natürlich wollten die Kollegen abends wissen, was wir denn am nächsten Tag tun würden. Nach zwei Tagen akzeptierten sie, dass ich das nicht beantworten konnte. Erst beim Frühstück, als die Gruppe abgeholt wurde, erhielten wir die Information, wohin es ging. Alle Programmpunkte kamen am Ende zustande. Ein Höhepunkt war sicherlich die Autofahrt durch das „Leere Viertel", die Wüste, nach Shibam, die Lehmstadt, die wegen ihrer spektakulären Lehm-Architektur als „Manhattan der Wüste" bezeichnet wird.

Was aus diesem UNESCO-Weltkulturerbe wird, bei dem sich die Deutsche Gesellschaft für Internationale Zusammenarbeit (GIZ) engagierte, kann heute niemand vorhersagen. Offen ist die Zukunft des ganzen Landes. Die Entwicklung im Jemen in ein Muster von religiösen Konflikten zu pressen wird der Sache nicht gerecht. Verschiedene Fraktionen der Machtelite bekämpfen einander. Die Huthis im Norden sahen sich ebenso wie der Süden marginalisiert. Zudem wurde die spezielle „Arabellion" im Lande durch Einmischung des „Westens" und ihrer arabischen Verbünden am Golf verraten.

Geballte Fäuste, Kimchi und Hightech

Das Souvenirgeschäft am Rastplatz hat nordkoreanischen Schnaps genauso wie ein Stück Stacheldraht für umgerechnet 12,50 Euro im Angebot. Ein sonderbares Gefühl hat man in der blauen Baracke. Mit unbewegter Miene, aber geballten Fäusten lässt der nordkoreanische Soldat dort Erinnerungsfotos von sich knipsen. Die Grenze zwischen Nord- und Südkorea: Die blaue Baracke ist von beiden Seiten abwechselnd zugänglich. In ihr kann man de facto drei Meter weit den Boden der anderen, politisch verfeindeten Seite betreten. Draußen vor der Baracke zeigt nur ein Betonstreifen am Boden die Grenzlinie an.

Die „Demilitarisierte Zone" zwischen dem Süden und dem Norden Koreas bei Panmunjon ist ein merkwürdiges Ausflugsziel. Die Besucherzahl ist begrenzt und Begleiter vom US-Militär achten streng darauf, dass die Kameras vom Süden aus nur in Richtung Norden ausgerichtet werden. Im Militärbus geht es in der „DMZ" vorbei an der *Brücke ohne Wiederkehr* und an der Einfahrt zum *Tae Sung Freiheitsdorf*, in dem gut 200 Menschen leben und Felder bestellen. Ein Treffen mit ihnen ist nicht möglich.

Ich war einer von rund 200 Journalisten, die einer Einladung der *Korea Foundation* zu einer internationalen Fachtagung über die Medienentwicklung gefolgt waren. Es folgte eine Rundreise durchs Land.

Südkorea ist tatsächlich ein spannendes Reiseziel. In den europäischen Medien taucht das Land meist nur bei politischen oder militärischen Spannungen mit dem Norden auf. Dabei hat Südkorea kulturell und landschaftlich viel zu bieten, und wirtschaftlich kann es nicht ernst genug genommen werden. Das Land befindet sich mit seinen technologischen Innovationen auf der Überholspur auf dem Weg in die Zukunft.

Staatlich geförderte Technologiezentren knüpfen an Leistungen in alter Zeit an. Die Drucktechnik mit Metalltypen beispielsweise war in Korea bereits 200 Jahre lang in Gebrauch, bevor Gutenberg 1455 die erste europäische Druckmaschine erfand. Im 16. Jahrhundert erfanden koreanische Spezialisten die erste Granate der Welt mit Zeitzünder. Umgerechnet 20 Milliarden Euro hat der Staat in der Gegenwart bis jetzt zum Beispiel in das Forschungsgelände von Innopolis gesteckt. Fünf Universitäten und 1.100 mittelständische Hightech-Unternehmen sind hier angesiedelt. Wirtschafts- und Technikgeschichte schrieb der Konzern Samsung Electronics. Alles begann 1936 mit einem Krämerladen, in dem vor allem Reis zu bekommen war. 1954 kamen Textilien hinzu, 1969 das Geschäft mit Elektronik; 36 Beschäftigte waren dafür anfangs angestellt. Unter den Kennzahlen für das Jahr 2012 weist der Konzern 236.000 Beschäftigte und 210,9 Milliarden US-Dollar Umsatz aus. Die Vision für 2020 sieht 400 Milliarden Dollar Jahresumsatz vor. Vom heute 9. Platz unter den „weltbesten Marken" will Samsung bis dahin auf Platz fünf vorstoßen. Erreicht werden soll dies durch den Einstieg in ganz neue Geschäftsfelder.

Von der heutigen Millionenstadt Changwon an der Südküste aus lieferten Schmiede in alten Zeiten Schwerter aus gehärtetem Stahl nach China. „Heute sind wir das Silicon Valley Koreas", sagte der Bürgermeister Park Wan-su beim Gespräch. Monumental sind die Rohbauten der Riesenkreuzfahrtschiffe in den Werften am Ufer. „Wir wollen bis 2020 die Umwelt-Hauptstadt werden", ist das nächste ehrgeizige Ziel. Parkanlagen entstehen. Kommunalpolitiker sprechen von „Zeitgeist".

Vielerorts wird um Medizintouristen geworben. Die Stadt Deajeon mit 7.800 Spezialisten in den verschiedensten Einrichtungen und 21.000 Hotelbetten ist ein Beispiel dafür. Das Geheimnis von Gesundheit sehen viele jedoch in Kimchi – eingelegtem Chinakohl –, der in Korea praktisch zu jeder Mahlzeit gereicht wird und sehr vitaminreich ist. Die Tradition der Speise reicht bis zur Zeitenwende zurück.

Unerwartet war der erste Eindruck bei der Landung am Flughafen der Hauptstadt Seoul, dem Handels-, Industrie- und Kulturzentrum Südkoreas mit rund elf Millionen Einwohnern: Aus dem Lautsprecher der Korean Air ertönte ein Johann-Strauß-Walzer. Später, nach Bezug des Zimmers im 27. Stockwerk des Hotel-Hochhauses, drang Hard-Rock-Musik vom Haupttor des Deoksugung-Palasts herüber. Um 1600 wurde auf dem Areal die königliche Residenz eingerichtet. Anfang des 20. Jahrhunderts wurde es das Zentrum des Reiches der Han-Dynastie, die als Begründer des „modernen Korea" gilt. Störend war an diesem Abend der kalte Wind, der von Norden her blies – durchaus symbolträchtig.

Panik im Dschungel

Man kann als Journalist nicht einfach losrennen, ohne Vorbereitung – nicht zu einer Pressekonferenz, ohne sich zuvor über die frühere Berichterstattung zu informieren und präpariert zu sein, wo Probleme liegen könnten. Schon gar nicht sollte man in einem fremden Land einfach draufloziehen. Ohne Begleitung, die sich auskennt, kann das schiefgehen.

Die MAN – damals ein wichtiger Arbeitgeber im Verbreitungsgebiet meiner Zeitung – war Zulieferer für Teile, die die Raketen der ESA in Französisch-Guyana in den Himmel beförderten. Das Unternehmen lud zum Start einer Ariane-Rakete ein paar Journalisten ein. Wir konnten freilich auch nur aus gebührender Distanz verfolgen, wie die Rakete aufstieg und zwischen den Wolken verschwand. Dafür die lange Reise? Die weiteren Gesprächstermine vor Ort waren tatsächlich eine gute Weiterbildung zur Raumfahrtbranche, die sich in der Berichterstattung verarbeiten ließ.

Wenn schon im Lande, so wollten wir wenigstens ein wenig Sightseeing betreiben. Mit einem Kanu ließen ein Kollege und ich uns einen Fluss hinauffahren, hinein in den Dschungel. An einem Landeplatz stiegen wir aus. Wir waren fasziniert von der tropischen Vegetation und von den Vogelstimmen. Aber mehr noch waren wir in Fachgespräche vertieft. Plötzlich versperrte uns ein Flusslauf den Weg. Also zurück. Doch der Pfad zurück durch den Urwald war nicht mehr nachvollziehbar. Ein Einheimischer war weit und breit nicht zu sehen.

Die Panik überfiel uns schlagartig. Es war eine grüne Hölle, und wir waren nicht ausgerüstet. Dichtes Laubwerk war um uns herum, die tropisch-feuchte Hitze nahm uns den Atem. Die Stimmen exotischer Vögel klangen plötzlich feindselig. Und raschelte es da nicht irgendwo im Unterholz?

Der Schrecken dauerte eine Stunde. Dann erreichten uns die einheimischen Bootsbegleiter, die unseren Spuren gefolgt waren. Sie brachten uns zurück auf sicheres Terrain. Wie froh waren wir, die Orientierung zurückerlangt zu haben – schließlich waren wir mit einer Aufgabe unterwegs! Diese Geschichte war mir eine Lehre!

Stalins Erbe

Die Dolmetscherin, vor Ort geboren, wusste selber nichts über ihre Familiengeschichte. Woher stammten ihre Großeltern? „Das war stets ein Tabuthema", war ihre Antwort. „Das ist so bei allen Familien hier." Gerne hätte ich, von Berufs wegen neugierig, eine Antwort gewusst. Aber dies war ein Beispiel dafür, dass Informationen manchmal einfach nicht vorhanden sind, die man sich wünschen würde.

Der Ort des Geschehens: Die russische Stadt Magnitogorsk am Fluss Ural, 1.400 Kilometer von Moskau entfernt. 2002 war ich dort, in einer Gruppe von Journalisten. Wir waren die ersten – 50 Jahre lang, zwischen 1939 und 1989, war die Stadt für Ausländer völlig gesperrt gewesen. Im Zweiten Weltkrieg war die Stadt der wichtigste Lieferant an Stahl für die sowjetische Rüstungsindustrie. Später wurde hier ein Lager für deutsche Kriegsgefangene betrieben. Die Stadt hat eine Gemeinsamkeit mit Istanbul: Sie hat einen Westteil und einen Ostteil, getrennt durch den Fluss Ural. Nach allgemeiner Definition liegt somit der eine Teil in Europa, der andere in Asien.

Eingeladen hatte jetzt das Magnitogorsker Metallurgische Kombinat (MMK). Es arbeitet mit Siemens-Automatisierungs- und Leittechnik. Die Stahlindustrie: Sie war und ist in jedem Land der Lebensnerv für industrielle Entwicklung. Das Kombinat in Magnitogorsk steht auf der Liste der größten Stahlwerke der Welt. 55 Prozent der Produktion geht in den Export. Das bringt Devisen.

Ein kleines Museum gibt Hinweise auf die Vergangenheit. 70-jähriges Bestehen feierte Magnitogorsk in jenem Jahr. Stalin hatte den Standort „auf der grünen Wiese" für den Bau des damals größten Stahlwerks der Welt erkoren, nachdem Ingenieure in der Nähe eine reichhaltige Lagerstätte an Eisenerz entdeckt hatten. Der Ortsname heißt übersetzt „Magnetberg". Massenweise wurden bis zur Einweihung 1932 für den Bau Sträflinge zum Beispiel aus der Ukraine hierher deportiert, ehemalige Bauern (Kulaken) angesiedelt und zunächst notdürftig in Zelten untergebracht. 30.000 Arbeiter fielen dem Projekt zum Opfer.

Jetzt arbeiteten rund 34.500 Beschäftigte im Stahlwerk MMK, zehn Jahre zuvor waren es noch 80.000. Der Betrieb ist immer noch einer der größten Stahllieferanten in Russland. Die Kohle wird über eine 2.000 Kilometer lange Eisenbahnlinie aus Sibirien herbeigefahren. Als Monatslohn brachte ein Facharbeiter zur Zeit meines Besuches umgerechnet etwa 300 Euro nach Hause. Ein Lehrer verdiente gerade 50 Euro. Dafür kostete eine Zwei-Zimmer-Wohnung in der Stadt nur rund 15 Euro Miete.

Zum Abschied luden uns die Gastgeber in ein firmeneigenes Erholungsheim in den Bergen ein. Ein Trinkspruch jagte den anderen. Ich bin nicht so an Wodka gewöhnt. Kneifen ging aber nicht. Das Glas Wasser, aus dem man nach jedem Wodka einen Schluck nimmt, füllte sich bei mir. Wie sollte jemand merken, dass ich den Alkohol nicht herunterschluckte? Zwischendurch goss ich den Blumentopf vor mir aus meinem Wasserglas. Beschwipste Veilchen – das sollte nicht mein Problem sein …

Bagdad also

Immer wieder Versuchungen. Aidan White, der langjährige Generalsekretär der IJF, gab einmal auf die Frage, was ihn antreibe, die Antwort: „Immer an den Hotspots zu sein."

Eine für viele Journalisten typische Einstellung? Ich kenne auf der anderen Seite auch solche, die ihre Zeit am Schreibtisch absitzen und dem Klischee des Bürokraten in einer Behörde eher entsprechen.

Bagdad also, ein solcher „Hotspot". Man schrieb das Jahr 2009. Eine internationale Medienkonferenz war in der Hauptstadt des Irak anberaumt – die erste internationale Konferenz überhaupt nach dem Sturz von Saddam Hussein. Der Einladung waren mehr als zwei Dutzend unerschrockene Journalisten aus Europa, den USA und sogar aus Lateinamerika gefolgt. Das Programm der Themen reizte mich und ich beschloss, ebenfalls teilzunehmen.

Die Maschine, die uns von Istanbul nach Bagdad brachte, kurvte spiralförmig nach unten, um eventuellen Raketen kein Ziel zu bieten. Der Bus, der uns vom Flughafen abholte, fuhr im Zickzack über die Autobahn zur „Grünen Zone" – damit eventuelle Heckenschützen es schwererhaben sollten, wie man uns sagte. Die Fahrt dauerte ziemlich lange, wegen der vielen Checkpoints, die wir zu passieren hatten.

Das Zimmer im 6. Stock des berühmten *Hotel Rasheed*, das ich bezog, gab den Blick frei auf kreisende US-Militärhubschrauber, in denen GI's, mit Maschinengewehren im Anschlag, an offenen Türen saßen. Zwei Stunden nach der Ankunft fragte ich mich, was ich hier eigentlich zu suchen hätte, und es wurde mir klar: Die Konferenzteilnehmer wurden vom neuen Regime instrumentalisiert, nach dem Motto „Geht doch. Wir haben alles im Griff." Das betonte Ministerpräsident Nuri al-Maliki bei seinem Auftritt. *Aljazeera* dokumentierte die Inszenierung ausführlich.

Eigentlich ging es nicht wirklich. Wir konnten die „Grüne Zone" nicht verlassen – abgesehen von einem gemeinsamen abendlichen Ausflug in die Stadt. Alle Straßen, die unsere Busse passierten, waren für andere Fahrzeuge gesperrt, und Spezialfahrzeuge mit Sprengstoffsensoren hatten sich vergewissert, dass am Straßenrand keine Bombe auf uns wartete.

Auf einer provisorischen Bühne in einem Park gab es Musikdarbietungen.

Plötzlich ein Knall. Eine Bombe!, durchzuckte es wohl nicht nur mich. Tatsächlich war nur ein Teil des Aufbaus zusammengekracht.

Für die Zeitung kam bei dem Trip zum „Hotspot" Bagdad nicht mehr als ein Interview mit einer irakischen Kollegin, die mich im Hotel aufsuchte, über ihre Arbeitsbedingungen heraus. Das war eine magere Ausbeute für die Medienseite. Wie will man aus einem goldenen Käfig heraus berichten, wenn man nicht erlebt, was draußen vor sich geht?

Begegnungen besonderer Art

Der Bruder des letzten Kaisers von China

„Mein Leben ist wie Wasser, das nicht verdampft ist in der Sonne. Es war verschmutzt, aber heute ist es sauber und ich kann dem Volke dienen." So sprach Pu Jie, der Bruder des letzten Kaisers von China.

In vielen Ländern ist der Zugang zu Personen und Schauplätzen und damit die Informationsbeschaffung behindert. Die Zahl dieser Länder nimmt eher zu als ab. Zu ihnen gehörte stets die Volksrepublik China. 1988 schien sich das Land etwas zu öffnen. So beschloss der Vorstand der dju, dem ich angehörte, eine Delegation ins ehemalige „Reich der Mitte" zu entsenden. Ein Kollege hatte die Kontakte zur All China Journalists Association knüpfen können. Die Idee war: Wenn nun, trotz eingeschränkter Bewegungsfreiheit, mehr deutsche Kollegen und Kolleginnen nach China fahren konnten, so sollten sie einen Ansprechpartner vor Ort haben und von diesem notfalls Hilfe bekommen. Wir fuhren zu dritt. Der damalige dju-Bundesvorsitzende Hartmut Schergel und der andere Kollege waren dabei. Wir flogen auf eigene Kosten. Das Auswärtige Amt in Berlin hatten wir von dem Vorhaben informiert. Weil die Lufthansa noch nicht über Flugrechte über die Sowjetunion verfügte, buchten wir bei der DDR-Gesellschaft Interflug ab Berlin-Schönefeld.

Hätten wir damals gewusst, dass Kotz-Tüten von Fluggesellschaften Sammelobjekte sind, hätten wir uns wahrscheinlich bei Interflug damit eingedeckt, denn die Gesellschaft sollte es bald nicht mehr geben und die Tüten sollten wertvoll werden. Die Maschine flog also direkt über die Sowjetunion. Das war komfortabel, denn die Strecke Berlin–Peking war die maximale Reichweite, die Flugzeuge vom Typ Iljuschin hinter sich bringen konnten. Um Gewicht und damit Sprit zu sparen, wurde nur jeder zweite Sitzplatz der Maschine besetzt. So hatten wir gut Platz für den nächtlichen Schlaf. Herrlich war nach dem Aufwachen der Blick hinunter auf die Große Mauer in der Morgensonne.

Am Abend nach der Ankunft, an der Bar im *Beijing Hotel*, trafen wir zufällig einen örtlichen Vertreter der Friedrich-Ebert-Stiftung. Er wusste viel Klatsch zu erzählen. Zum Beispiel, dass Daimler-Benz im Jahr zuvor auf dem Markt von Nordkorea die größten Wachstumsraten hatte: 50 Prozent. Es hatte sich in der deutschen Gemeinde in China herumgesprochen, dass die Nordkoreaner im vergangenen Jahr drei Fahrzeuge bestellt hatten, im Jahr zuvor waren es nur zwei gewesen. So kann man natürlich mit Statistik umgehen.

Nicht alles war nur Klatsch. Wir sprachen über den Film *Der letzte Kaiser*, der gerade in den deutschen Kinos angelaufen war. Bernardo Bertolucci hatte die Lebensgeschichte von Pu Yi mit großem Erfolg verfilmt und neun Oscars dafür kassiert. Unser Gesprächspartner meinte: Der Bruder des letzten Kaisers, Pu Jie, lebe noch und habe wohl Bertolucci bei den Dreharbeiten beraten.

Bei der Programmbesprechung mit unseren Gastgebern am nächsten Tag wurden wir nach Wünschen gefragt, und solche äußerten wir denn auch. Die Chance für normalerweise nicht mögliche Recherchen wollten wir uns nicht entgehen lassen. Der Kollege, der die Kontakte hergestellt hatte, war Wissenschaftsjournalist. Er bat um einen Besuch im Raumfahrtministerium und im Zentralinstitut für Gentechnologie-Forschung der Volksrepublik China. Kein westlicher Journalist hatte zuvor Zugang zu dieser Einrichtung bekommen. Trotzdem war das kein Problem. Bei meinem Wunsch zogen unsere Gastgeber die Augenbrauen hoch: Ich wollte ein Interview mit dem Bruder des letzten Kaisers führen. Noch nie zuvor hatte ein westlicher Journalist mit diesem Zeitzeugen sprechen können. Es stand uns ein guter Dolmetscher beiseite, der uns half, die Sprachbarrieren zu überbrücken.

Weil wir die erste westeuropäische Gewerkschaft waren, die die Idee eines Freundschaftsvertrages hatte, wurden wir beinahe wie Staatsgäste behandelt. So sahen wir uns am nächsten Tag in der Halle des Volkes der Volksrepublik China sitzen. Wir hatten keine Ahnung, was da gesprochen wurde, aber Fernsehkameras waren auf uns gerichtet. Es war eine Live-Ausstrahlung, erzählte uns der Dolmetscher. Auf Tischchen vor uns standen Tassen grünen Tees mit Deckel darauf. Weltgewand nahm ich einen kräftigen Schluck. Ich habe es sofort bereut. Obenauf schwammen die Teeblätter, und mit dem Schluck war mein ganzer Mund voll davon. Ich sah zu spät, wie die Chinesen vor dem Trinken die Teeblätter auf die Seite bliesen.

Die Begegnung mit dem Bruder des letzten Kaisers fand nach fünf Tagen statt. Pu Jie war jetzt weit über 80 Jahre alt. Er lebte, von einer Hausangestellten betreut, in einem komfortabel ausgestatteten Haus nur 15 Minuten Autofahrt vom ehemaligen Kaiserpalast in der „Verbotenen Stadt", wo er einst als Kind gewohnt hatte, entfernt. Der Bruder des ehemaligen Kaisers saß nach seiner politischen „Umerziehung" nun im Volkskongress und arbeitete im „Komitee für Nationalitäten" mit. Sein Herz hing, wie wir schnell merkten, an seinen fünf Katzen. Seine betagte Hand blieb ganz ruhig, als er uns sein Hobby vorführte: Kalligraphie.

Bei der Visite im Raumfahrtministerium – sonst unzugänglich – erwartete uns kein Knüller. Wir erfuhren nichts Neues über die Pläne mit den Raketen vom Typ *Langer Marsch*. Der Besuch im Zentralinstitut für Gentechnologieforschung der Volksrepublik China brachte dagegen Informationen, die bis dahin im Ausland unbekannt waren. Die Forscher befassten sich, wie sie uns erzählten, mit der Kreuzung von Karpfen mit menschlichen Wachstumsgenen. Das Ziel war, Karpfen auf das Siebenfache des üblichen Gewichts zu vergrößern. Man zeigte uns sogar Bilder solcher „Turbokarpfen". Vorsichtig brachten wir das Stichwort Ethik ins Spiel und fragten nach Grenzen der Forschung. Freundlich lächelnd antwortete der Sprecher der Forscher sinngemäß: Wir wissen, dass es in Europa und den USA diese Diskussion gibt. Bei uns existiert sie nicht. Wir arbeiten allein für das Wohl des Volkes und seine Ernährung.

Nach diesem Termin aßen wir mit unserem Dolmetscher im *Kentucky Fried Chicken* in Sichtweite des Mao-Mausoleums zu Mittag. Die Portionen waren nicht größer als in einer Filiale der Restaurantkette bei uns. Fische mit menschlichen Wachstumsgenen zu versehen, hat man später in US-Laboren ebenfalls praktiziert.

In China hatte ich übrigens den größten Erfolg mit einer Rede. Beim Abschied wollte ich mich bei den Gastgebern für die Gastfreundschaft bedanken, und ich dachte, es sollten ein paar Sätze auf Chinesisch sein. Ich hatte einen Sprachführer deutsch-chinesisch dabei, und mit seiner Hilfe bastelte ich mir eine Rede zusammen. Nach wenigen Worten brachen die Gastgeber in schallendes Gelächter aus. Es gab tosenden Applaus. Als ich später unseren Dolmetscher fragte, was ich denn gesagt hätte, lachte er schon wieder. Ich weiß bis heute nicht, was ich da wirklich von mir gegeben hatte. Es war, wie gesagt, ein Riesenerfolg.

Feierlich paraphierten wir den Freundschaftsvertrag zwischen den beiden Journalisten-Organisationen. Er trat jedoch nie in Kraft. Er hätte beim Gegenbesuch der Chinesen im Folgejahr unterschrieben werden sollen. Im Juni 1989 wurden Demonstranten auf dem Platz am Tor des Himmlischen Friedens in Peking vom Militär brutal zusammengeschlagen. Die Fernsehbilder von der gewaltsamen Niederschlagung des Volksaufstandes gingen um die Welt. Presseberichte, die sich auf Quellen beim chinesischen Roten Kreuz berufen, sprachen von 2.600 Toten. In einem Telex fragten wir bei der All Chinas Journalists Association naiv nach, was denn da geschehen war. Die Antwort lautete: Nichts, alles sei nur westliche Propaganda gewesen. Das war eine politische rote Linie: Wir beerdigten das Vorhaben eines Freundschaftsvertrages.

Abstecher in den Kleinen Vatikan

Clemens XV. überraschte mich. Über ihn schrieb ich meine erste große Reportage in der Zeitung, noch bevor mich diese anstellte. Der Artikel erschien im Feuilleton. Zuvor hatte ich als Werkstudent bei der Zeitung hineingeschnuppert, aber große Beiträge traute man mir, dem 21-Jährigen, noch nicht zu. Mehr als Kurzmeldungen, maximal Einspalter, durfte ich nicht schreiben.

Bevor die Uni wieder losging, brach ich mit einem Freund zu einer Spritztour nach Paris auf. Wir fuhren mit meinem alten Simca 1000. Wie ich von Clemens XV. erfahren hatte, weiß ich nicht mehr. Wir machten einen Zwischenstopp in Clémery zwischen Metz und Nancy. Gerne empfing uns Clemens XV., der selbsternannte Gegenpapst des damaligen Paul VI. Es war schon eine skurrile Geschichte. Clemens XV. wohnte in seinem *Petit Vatican*, seine Basilika war ein längliches Gebäude mit Wellblechdach und einer Vielzahl von Altären und kitschig-bunten Marienstatuen im Inneren. „Clémery" war nichts anderes als ein Wortspiel aus Clemens und Maria.

Clemens XV. wollte als Oberhaupt der „Erneuerten Kirche" die Welt vor dem Verfall retten. Er weihte nicht nur Männer, sondern auch Frauen und Kinder zu Priestern und verwies auf die Marienerscheinung in Fatima 1917, bei der seine Bestimmung zum Papst angeblich vorausgesagt worden war. Er verkündete die „Endzeit" durch Krieg und einen Kometen und sah sich kräftig unterstützt: „Um zwei Uhr morgens hat Jesus mich geweckt. Und dann gegen fünf Uhr sind die fliegenden Untertassen in den Hof geschwebt", erzählte uns Clemens XV. Die tägliche Botschaft der Außerirdischen übermittelte er per Telex an Staatsoberhäupter, erfuhren wir weiter. Als Vertreter des Finanzamts einmal bei ihm auftauchten, habe er sie einfach exkommuniziert. Eine gute Idee – aber wenn es ein Film gewesen wäre, dann wäre das Drehbuch von den Kritikern verrissen worden.

Clemens XV. war äußerst freundlich zu meinem Freund und mir. Aber er ließ keinen Zweifel: „Wenn mir jemand gegenübersteht, der Übles gegen mich im Sinn hat, dann fangen meine Hände wie bei Jesus am Kreuz zu bluten an". In diesem Moment war mir schon klar, dass ich den Mann in einem Zeitungsartikel sprichwörtlich in die Pfanne hauen würde.

Als wir uns verabschiedeten, blickte ich auf die Hand von Clemens XV. Da war nichts zu sehen. Seitdem weiß ich: Auch wenn es viele Politiker auf Erden anders halten, Jesus scheint die Pressefreiheit zu respektieren. Und die Botschafter in den fliegenden Untertassen halten es wohl genauso.

In München erlebte ich 1980 den richtigen Papst: Johannes Paul II. war damals im November in der bayerischen Landeshauptstadt und hielt im Herkulessaal eine Ansprache an Künstler und Publizisten. Wie ich zu einer Einladung gekommen war, weiß ich nicht mehr. Nach meiner Erinnerung empfand ich die Mahnungen in der päpstlichen Rede irgendwie als konträr zu meinen Vorstellungen. Als ich jetzt den Text dieser Rede im Internet nachlas, war manches doch richtig: „Gerade im Bereich der Nachrichtenpolitik erweist sich der Ethos des Journalisten. Das Gewicht seiner Verantwortung kann kaum überschätzt werden ... Zur Verantwortung des Publizisten gehört es, die mögliche Wirkung seiner Tätigkeit zu bedenken."

Eine Moral von der Geschichte: Erinnerungen können täuschen. Sie bleiben eben stets selektiv. Aber auch Journalisten, die sich Urteile bilden, können sich dabei täuschen.

Mugabe schwärmt von Goethe

Und Robert Mugabe meinte: „Ja, ihr Deutschen werdet das schon schaffen. Ihr habt immerhin Goethe hervorgebracht."

1991: Kongress der International Organisation of Journalists (IOJ) – der Konkurrenzorganisation zur Internationalen Journalisten-Föderation – in Harare, der Hauptstadt von Zimbabwe. Der Kalte Krieg war beendet, die Mauer quer durch Deutschland gefallen. Staatschef Mugabe erschien zur Eröffnung des Kongresses. Alle Delegierten und Gäste defilierten. Mugabe schüttelte auch meine Hand. Ein Routine-Ritual.

Wenig später kam ein Mann aus dem Gefolge Mugabes auf mich zu und sagte: „Der Herr Staatspräsident möchte Sie sprechen." Wie sich herausstellen sollte, hatte jemand Mugabe davon informiert, dass ich aus Deutschland kam. Ich folgte dem Mann. So stand ich kurz darauf noch einmal Mugabe gegenüber. Er wollte wissen, wie die „unification" in Germany ablaufe. Ich erklärte ihm meine Sichtweise. Der Staatschef von Zimbabwe aber wechselte das Thema und fing an, von Goethe zu schwärmen. Ich konnte nur verwundert zuhören und höflich durch Kopfnicken meine Zustimmung geben. Dabei hat mich Goethe nie sonderlich inspiriert. Natürlich habe ich mich einmal in der Schule mit dem Dichter intensiv befassen müssen, bei einem Lehrer, den wir alle in der Klasse hassten. Das war ein Alptraum gewesen und hat meine Einstellung zur klassischen deutschen Literatur negativ beeinflusst. Das konnte ich Mugabe natürlich nicht sagen. War es die Hitze oder der Stress des Gesprächs – ich weiß nicht mehr, was mich mehr hat schwitzen lassen. Erfahrungen aus der Schulzeit prägen einfach.

Eine Woche Zimbabwe also. Nach dem Kongress schloss ich mich mit zwei Kollegen zusammen. Wir mieteten ein Auto, machten Tagesausflüge, hatten dabei eine überraschende Begegnung mit einer Nashornfamilie, die plötzlich vor uns die Piste überquerte, und kletterten auf einen Felsen, um prähistorische Malereien zu bestaunen. Das war eigentlich viel aufregender als die Begegnung mit Mugabe. Aber im Voraus kann man nie wissen, welche Begegnungen wertvoll sind und zu einer guten Geschichte inspirieren, und welche nicht.

VIPs sind auch nur Menschen

Der damalige Bundesminister gab der Zeitung, für die ich arbeitete, ein Interview. Zu diesem Zweck kam er in die Redaktion. Als Jungredakteur durfte ich Mäuschen spielen und mich dazusetzen.

Es fiel mir zu, den Minister zum Ausgang zu bringen. Der Aufzug blieb auf dem Weg vom 3. Stock, wo der Konferenzraum lag, ins Erdgeschoss stecken. Wir steckten also zusammen im Käfig. Auch Minister haben menschliche Schwächen. Dieser hatte Klaustrophobie. Der Minister pisste sich aus Angst in die Hose. Dieses Erlebnis hat mir klargemacht, dass auch sogenannte VIPs nur Menschen wie Du und ich sind.

Weil eine breitere Öffentlichkeit auf sie sieht, sollten führende Männer und Frauen in der Politik und der Wirtschaft zugleich mit ihrem Verhalten Vorbilder sein. Man sollte zum Beispiel erwarten können, dass sie nicht ausfällig werden. Nicht die feine Art war es, als der damalige Siemens-Vorstandsvorsitzende Klaus Kleinfeld am abendlichen Essen nach einer Halbjahres-Pressekonferenz in einer der europäischen Hauptstädte das Handy von einem Kollegen in ein Wasserglas warf. Das Handy war nämlich nicht von Siemens, sondern von der Konkurrenz. Vom Nebentisch aus erschien das unbeherrscht. Diese Eigenschaft sollten Spitzenmanager eigentlich nicht mit sich bringen. Aber sie sind auch nur Menschen – selbst wenn noch so viele Existenzen von Beschäftigten von ihnen abhängen.

Wolfgang Schäuble vis-à-vis

Zweimal begegnete ich Wolfgang Schäuble. Das erste Mal, 1986, war er Chef des Bundeskanzleramtes, das zweite Mal, 1989, Bundesminister des Inneren.

1986 saß ich ihm quer gegenüber bei einer Runde von Jungredakteuren, die einer Einladung der Bundesregierung nach Bonn gefolgt waren. Solche Einladungen gab und gibt es immer wieder, und sie verführen zum Gefühl, in das Wissensmonopol der Mächtigen eingeweiht zu sein. Das Atomkraftwerk von Tschernobyl war kurz vor meinem Trip nach Bonn in die Luft geflogen, und natürlich war der Umgang mit den Folgen der Katastrophe ein zentrales Thema. In die Erinnerung eingeprägt hat sich aber ein anderer Gesprächsstoff.

Die wahren Hintergründe des „Celler Lochs" waren ebenfalls erst einige Zeit davor ans Licht gekommen: 1978 hatten Mitarbeiter des niedersächsischen Verfassungsschutzes ein Loch mit rund 40 Zentimetern Durchmesser in die Außenmauer der Justizvollzugsanstalt Celle gesprengt und damit eine Aktion der RAF vorgetäuscht. Auch darauf wurde Schäuble angesprochen. Die Reaktion werde ich nie vergessen. Schäuble lehnte sich lässig in seinem Stuhl zurück und sagte: „Das machen wir immer wieder." Es war ein Hintergrundgespräch, und damals hielten sich alle an die Vorgabe, auf eine Berichterstattung zu verzichten.

Die zweite Begegnung, 1989, war eines dieser Gespräche, die nichts bringen, die aber sein müssen. Zu sechst bekamen wir im Oktober 1989 als Vertreter der dju einen Termin bei Schäuble. Der Verlegerverband hatte ihn schon zuvor gebrieft: Es ging um die Frage des Zeugnisverweigerungsrechts. Die Idee eines Berufsregisters geisterte damals im Raum. Unsere Positionen konterte Schäuble stets mit jenen der Verleger.

Politiker haben manchmal ihre festen Positionen und Verbündete im Kopf und lassen sich davon nur schwer abbringen.

Hexen finden immer einen Parkplatz

Wissbegierde ist eine Eigenschaft von Journalisten. Lehrreich war für mich die Begegnung mit einer „Hexe". „Hexen im Mittelalter" war das Thema einer Ausgabe der Zeitschrift *G/Geschichte*. Die Idee, die ich einbrachte: Ein Interview mit einer Frau, die sich als Hexe versteht, in der Gegenwart. In Internetforen suchte ich Kontakt. Tatsächlich bekam ich ein Feedback. Eigentlich hatte die Frau keine Lust, sich mit mir zu treffen. Ich konnte sie schließlich doch dazu überreden. Sie beschwerte sich über Vorurteile – mein Argument war, dass sie durch das Interview die Chance hätte, diesen zu widersprechen. Natürlich versprach ich ihr Anonymität.

Sie erschien zum verabredeten Treffen in einem Café. Ich war überrascht: Es war keine alte Frau mit Hakennase und Warze darauf, sondern eine 25-jährige, attraktive Frau. Einen Besen hatte sie ebenfalls nicht dabei. Sie kam mit dem Auto.

Ich lernte während des Interviews, dass es die Personengruppe der „Wicca" gibt, der sich meine Gesprächspartnerin zuordnete. Die Kräfte der Natur und Energieaustausch spielen in ihren Vorstellungen eine zentrale Rolle. Bundesweit gibt es jede Menge Zirkel und „Stammtische" dieser esoterischen Gruppe. Ich erfuhr: Anderen zu schaden ist für sie unzulässig; und die „Hexe" erläuterte mir das Phänomen, das sie Seelenwanderung nannte. So bekam ich einen kleinen Einblick in ihre Gedankenwelt.

Ich insistierte: Was konnte sie als „Hexe" bewirken? Derart bedrängt, sagte meine Gesprächspartnerin: „Wenn ich in die Innenstadt mit dem Auto fahre, finde ich immer einen Parkplatz, weil ich es so vorhabe."

Das behauptet meine Tochter allerdings auch von sich.

Gulasch nach Kolonialherrenart

Wegen eines Buchprojekts zu den kolonialen Aktivitäten des Deutschen Reiches, das ich gemeinsam mit zwei Kollegen verfasste, flog ich auf eigene Kosten nach Togo. Im Aufzug erklang Mozarts *Kleine Nachtmusik*. So sollten sich die Gäste gleich heimisch fühlen.

Im Nationalarchiv in der Hauptstadt Lomé händigte man mir Pappkartons aus. In ihnen schimmelten die Originalunterlagen der ehemaligen deutschen Schutzgebietsverwaltung vor sich hin. Niemand hatte zuvor danach gefragt. Für mich waren es wertvolle Originalquellen, die ich einarbeiten konnte. So verwendete ich wenigstens einige für Zitate im Buch. Es war eine Begegnung mit der Vergangenheit.

Der Bogen im Buch sollte bis zur Gegenwart reichen, und auch ihr wollte ich begegnen. Ich genehmigte mir deshalb einen Trip mit dem Taxi zum etwas abseits gelegenen Restaurant *Alt München*. Das „Gulasch nach Kolonialherrenart" mit Reis schmeckte wirklich vorzüglich. In Erinnerung blieben mir das Ölgemälde von der Sendlinger Bauernschlacht an der Wand, die blau-weiß gerautete Tischdecke und die Bierkrüge wie vom Oktoberfest. Das Hotel, das ich gebucht hatte, lag ebenfalls außerhalb des Stadtzentrums.

Einige Gäste verließen das Areal mit Swimmingpool nie. Berührungsängste. Jedenfalls konnten sie danach ihren Freunden viel über Togo erzählen. Ich hatte Dinge herausgefunden, über die ich auch für die Zeitung schreiben konnte.

Namensverzeichnis

Zwischen Pfeffer und
High-Tech: Ein Streifzug
durch die Nürnberger
Wirtschaftsgeschichte

von Wolfgang Mayer
und Frank Thyroff

Gebundene Ausgabe,
280 Seiten,
Fahner Verlag, 2014.
ISBN-10: 3942251132
ISBN-13: 978-3942251136

Preis: 34,90 €

Wohl um das Jahr 400 nahmen im Raum Nürnberg die ersten Mühlen ihren
Betrieb auf. Der Bogen dieses einmaligen Geschichtsbuchs spannt sich bis zum
Fall der Quelle. Die Stadt war erst zentraler Umschlagplatz für Waren nördlich
der Alpen, später das industrielle Herz Bayerns. Unternehmergeist und Innovationen brachten glanzvolle Zeiten: Nürnberg zählte einst zu den bedeu-
tendsten Kompetenzzentren Deutschlands. Auch Fürsorge für die arbeitende
Bevölkerung war stets ein Thema. Krisen wurden immer überwunden. Heute ist
die Stadt das Zentrum einer aufstrebenden Europäischen Metropolregion.

Wolfgang Mayer

Wolfgang Mayer, Jahrgang 1950, studierte Geschichte und Soziologie an der Universität Erlangen-Nürnberg. Von 1977 bis 2011 war der Autor als Redakteur bei den *Nürnberger Nachrichten* beschäftigt und dort seit 1987 stellvertretender Ressortleiter Wirtschaft. Über seinen „Brötchenjob" hinaus ergaben sich für ihn als Gewerkschaftsvertreter der Deutschen Journalistinnen- und Journalisten-Union im Vorstand der Europäischen Journalisten-Föderation und der Internationalen Journalisten-Föderation immer wieder exklusive Kontakte und Erlebnisse. Zehn Jahre lang gehörte Wolfgang Mayer dem Deutschen Presserat an. Hinzu kommt eine umfangreiche publizistische Tätigkeit.